U0644861

星云法语
09

生活·讀書·新知 三联书店

挺胸的意味

利他

星云大师 著

图书在版编目(CIP)数据

挺胸的意味:利他/星云大师著. —北京:生活·读书·新知三联书店,
2015.5
(星云法语)
ISBN 978 - 7 - 108 - 05240 - 7

Ⅰ.①挺⋯　Ⅱ.①星⋯　Ⅲ.①佛教－人生哲学－通俗读物
Ⅳ.①B948－49

中国版本图书馆 CIP 数据核字(2015)第 020185 号

责任编辑　罗　康
封面设计　储　平
责任印制　卢　岳　张雅丽
出版发行　生活·讀書·新知 三联书店
　　　　　(北京市东城区美术馆东街 22 号)
邮　　编　100010
印　　刷　北京市松源印刷有限公司
版　　次　2015 年 5 月北京第 1 版
　　　　　2015 年 5 月北京第 1 次印刷
开　　本　880 毫米×1230 毫米　1/32　印张　7.625
字　　数　160 千字
印　　数　00,001—12,000 册
定　　价　28.00 元

总序　十把钥匙

星云大师

　　《星云法语》是我在台湾电视公司、"中国电视公司"、"中华电视公司"三十年前的"三台时代"，为这三家电视台所录像的节目。后来在《人间福报》我继《迷悟之间》专栏之后，把当初在三家讲述的内容，再加以增补整理，也整整以三年的时间，在《人间福报》平面媒体与读者见面。

　　因为我经年累月云水行脚，在各地的佛光会弘法、讲说，断断续续撰写《星云法语》，偶有重复，已不复完全记忆。好在我的书记室弟子们，如满义、满观、妙广、妙有、如超等俄而提醒我，《人间福报》的存稿快要告罄了，由于我每天都能撰写十几则，因此，只要给我三五天的时间，我就可以再供应他们二三个月了。

　　像这类的短文，是我应大家的需要在各大报纸、杂志上刊登，以及我为徒弟编印的一些讲义，累积的总数，已不下两千万字了。《星云法语》，应该说是与《迷悟之间》、《人间万事》同一性质的短文，都因《人间福报》而撰写。承蒙读者鼓励，不少人希望结集成书，香海文化将这些文章收录编辑，文字也有百余万字，共有十集，分别为：一、精进；二、正信；三、广学；四、智慧；五、自觉；六、正见；

七、真理；八、禅心；九、利他；十、慈悲。

这套书在《人间福报》发表的时候，每篇以四点、六点，甚至八点阐述各种意见，便于记忆，也便于讲说，有学校取之作为教材。尤其我的弟子、学生在各处弘法，用它作为讲义，都说是得心应手。

承蒙民视电视台也曾经邀我再比照法语的体裁，为他们多次录像，并且要给我酬劳。其实，只要有关弘法度众，我都乐于结缘，所以与台湾的四家无线电视台都有因缘关系。而究竟《星云法语》有多大的影响力，就非我所敢闻问了。

承蒙知名学者李家同教授、洪兰教授、台中胡志强市长，以及善女人赵辜怀箴居士，为此套书写序，一并在此致谢。

是为序。

于佛光山开山寮

推荐序一　宗教情怀满人间

李家同

星云大师的最新著作《星云法语》十册套书，香海文化把部分的文稿寄给我，邀我为序。8月溽暑期间，我自身事务有些忙碌；但读着文稿里星云大师的话，却能感觉到欢喜清凉。

《星云法语》里面有一篇我很喜欢，其中写道："要有开阔包容的心胸、要有服务度生的悲愿、要有德学兼具的才华、要有涵养谦让的美德。"

多年来我从事教育工作，希望走出狭义的精英校园空间，真正帮忙各阶层弱势学生。看着莘莘学子，我想我和星云大师的想法很接近吧，就是教育一定要在每个角落中落实，要让最弱势的学生，能个个感受到不被忽略、不受到城乡资源差别待遇。

青年教育的目的，不就是教育工作者，希望能教养学生，成为气度恢弘的国民吗？

为勉励青年，星云大师写下"青年有强健的体魄，应该发心多做事，多学习，时时刻刻志在服务大众，念在普度众生，愿在普济社会"。

星云大师的话，让我想起《圣经》里的箴言：

"有了信心，又要加上德行；有了德行，又要加上知识；有了知识，又要加上节制；有了节制，又要加上忍耐；有了忍耐，又要加上虔敬；有了虔敬，又要加上爱弟兄的心；有了爱弟兄的心，又要加上爱众人的心。"（《圣经·彼得后书》）

宗教情怀，就是超越一切的普济精神。人间的苦难，如果宗教精神无以救济，那么信仰宗教毫无意义。不论是佛陀精神，或是基督精神，以慈爱的心处世，我想原则上没有什么不同。尤其是青年人，更应细细体会助人爱人的真谛，在未来起着社会中坚的作用。这样，我们现在办的教育，才真正能教养出"德学兼具"的青年，让良善能延续，社会上充满不汲汲于名利，助人爱人的和谐气氛。

香海文化出版的《星云法语》，收录了精彩法语共计 1080 篇，每一篇均意味深长，适合所有人用以省视自己，展望未来。"现代修行风"不分基督、佛陀，亲切的圣人教诲，相信普罗大众都很容易心领神会。

如今出版在即，特为之序。

（本文作者为台湾暨南大学教授）

推荐序二　安心与开心

洪　兰

在乱世，宗教是人心灵的慰藉，原有的社会制度瓦解了，一切都无法制、无规章，人民有冤无处伸，只有诉诸神明，归诸天意，以求得心理的平衡。所以在东晋南北朝时，宗教盛行，士大夫清谈，把希望寄托在另一个世界。历史证明那是不对的，这是一种逃避，它的结果是亡国。智者知道对现实的不满应该从改正不当措施做起，众志可以成城，人应该积极去面对生命而不是消极去寄望来生。星云大师就是一个积极入世的大师，他在海内外兴学，风尘仆仆到处弘法，用他的智慧来开导世人，他鼓励信徒从自身做起，莫以善小而不为，当每个人都变好时，这个社会自然就好了。这本书就是星云大师的话语集结成册，印出来嘉惠世人。

人在受挫折、有烦恼时，常自问：人生有什么意义，活着干什么？大师说，人生的意义在创造互惠共生的机会，这个世界有因你存在而与过去不同吗？科学家特别注重创造，就是因为创造是没有你就没有这个东西，没有莫扎特就没有莫扎特的音乐，没有毕加索就没有毕加索的画，创造比发现、发明的层次高了很多，人到这个世上就是要创造一个双赢的局面，不但为己，也要为人。英文谚语有一句：Success is when you add the value to yourself. Significance is when you add the value to others. 只有对别人也有利时，你的成功才是成功。所以大师说，生命在事业中，不在岁月上；在思想中，不在气息上；在感觉中，不在时间上；在内涵中，不在表相上。这是我所看到谈生命的意义最透彻的一句话。

挫折和灾难常被当作上天的惩罚，是命运的错误；其实挫折和灾难本来就是人生的一部分，不经过挫折我们不会珍惜平顺的日子，没有灾难不会珍惜生命。人是高级动物，是大自然中的一分子，不管怎么聪明、有智慧，还是必须遵行自然界的法则，所以有生必有死，完全没有例外。但是人常常参不透这个道理，历史上秦始皇、汉武帝这种雄才大略的人也看不到这点，所以为了求长生不老，倒行逆施，坏了国家的根基，反而是修身养性的读书人看穿了这点。宋代李清照说"今手泽如新，而墓木已拱……然有有必有无，有聚必有散，乃理之常。人亡弓，人得之，又胡足道"。看透这点，一个人的人生会不一样，既然带不走，就不必去收集，应该想办法去用有限的生命去作出无限的功业。

一个入世的宗教，它给予人希望，知道从自身做起，不去计较别人做了什么，只要去做，世界就会改变。最近有法师用整理回收物的方式带信徒修行，他不要信徒捐献金钱，但要他们捐献时间去回收站做义工，从行动中修行。我看了这个报道真是非常高兴，因为研究者发现动作会引发大脑中多巴胺（dopamine）这个神经传导物质的分泌，而多巴胺跟正向情绪有关，运动完的人心情都很好，一个跳舞的人即使在初跳时，脸是板着的，跳到最后脸一定是笑的。所以星云大师劝信徒，从动手实做中去修行是最有效的修行，对自己对社会都有益。

在本书中，大师说生活要求安心，心安才能体会人生的美妙，才听得到鸟语，闻得到花香，所以修行第一要做到心安，既然人是群居的动物，必须要和别人往来，因此大师教导我们做人的道理，列举了人生必备的 10 把钥匙，书的最后两册是要大家打开心胸，利他与慈悲，与一句英谚 You can give without loving, you can never love without giving 相呼应。不论古今中外，智者都看到施比受更有福。

希望这套书能在目前的社会中为大家浮躁的心灵注入一股清泉，人生只要心安，利人利己地过生活，在家出家都一样在积功德了。

（本文作者为台湾阳明大学神经科学研究所教授）

推荐序三　法钥匙神奇的佛

胡志强

星云大师，是我一直非常尊敬与佩服的长者。

长久以来，星云大师所领导主持的佛光山寺与国际佛光会，闻声救苦，无远弗届，为全球华人带来无尽的希望与爱。

大师的慈悲智慧与宗教情怀，让许多人在彷徨无依时，找到心灵的依归。另一方面，我觉得大师潇洒豁达、博学多闻，无论是或不是佛教徒，都能从他的思想与观念上，获得启迪。

星云大师近期出版的《星云法语》，收录了大师1080篇的法语，字字珠玑，篇篇隽永。

我很喜欢这套书以"现代佛法修行风"为诉求，结合佛法与现代人的生活，深入浅出地阐释。尤其富有创意的是，以十册"法语"打造了十把"佛法钥匙"，打开读者心灵的大门，带领我们从不一样的角度，去发现与体会生活中的点点滴滴。

以《旅游的意义》这篇文章为例：

"……就像到美国玩过，美国即在我心里；到过欧洲度假，欧洲也在我心里，游历的地区愈丰富，就愈能开阔我们的心灵视野。

当我们从事旅游活动时，除了得到身心的纾解，心情的愉悦之外，还要进一步获得宝贵的知识。除了外在的景点外，还可以增加一些内涵，作一趟历史文化探索之旅，看出文化的价值，看出历史的意义。

比方这个建筑是三千年前，它历经什么样的朝代，对这些历史文化能进一步赏析后，那我们的生命就跟它连接了。"

"我们的生命就跟它连接了"这句话，让我印象十分深刻，生动描述了"读万卷书，行万里路"，正是一种跨越时空的心灵宴飨。

在《快乐的生活》一文中，大师指点迷津。他说："名和利，得者怕失落，失者勤追求，真是心上一块石头，患得患失，耿耿于怀，生活怎么能自在？"

因此"身心要能健康，名利要能放下，是非要能明白，人我要能融和"。

在《欢喜满人间》这篇文章中，大师指出：人有很多心理的毛病，例如忧愁、悲苦、伤心、失意等。佛经形容人身难得如"盲龟浮木"，一个人在世间上一年一年地过去，如果活得不欢喜，没有意义，那又有什么意思？如何过得欢喜、过得有意义？

他提出几点建议："要本着欢喜心做事，要本着欢喜心做人，要本着欢喜心处境，要本着欢喜心用心，要本着欢喜心利世，要本着欢喜心修行。"

看到此处，我除了一边检视自己在日常生活中做到了多少？另一方面，也希望把"欢喜心"的观念告诉市府同仁，期许大家在服务市民时认真尽责之外，还能让民众体会到我们由衷而发的"欢喜心"。

而《传家之宝》一篇中所提到的观点，也让为人父母者心有戚戚焉。

　　大师说：一般父母，总想留下房屋田产、金银财富、奇珍宝物给子女，当作是传家之宝；但是也有人不留财物，而留书籍给予子女，或是著作"家法""庭训"，作为家风相传的依据。乃至禅门也有谓"衣钵相传"，以传衣钵，作为丛林师徒道风相传的象征。

　　他认为"传家之宝"有几种：包括宝物、道德、善念与信仰。到了现代，书香、善念、道德、信仰更可以代替钱财的传承，把宗教信仰传承给子弟，把善念道德传给儿孙，把教育知识传给后代。

　　"人不能没有信仰，没有信仰，心中就没有力量。信仰宗教，如天主教、基督教、佛教等，固然可以选择，但信仰也不一定指宗教而已，像政治上，你欢喜哪一个党、哪一个派、哪一种主义，这也是一种信仰；甚至在学校念书，选择哪一门功课，只要对它欢喜，这就是一种信仰。有信仰，就有力量，有信仰，就会投入。能选择一个好的宗教、好的信仰，有益身心，开发正确的观念，就可以传家。"

　　细细咀嚼之后，意味深长，心领神会。

　　星云大师一千多篇好文章，深刻而耐人寻味，我在此只能举出其中几个例子。很感谢大师慷慨分享他的智慧结晶，让芸芸众生也有幸获得他的"传家之宝"。

　　在繁忙的生活中，每天只要阅读几篇，顿时情绪稳定、思考清明、心灵澄静。有这样的好书为伴，真的"日日是好日"！

（本文作者为台中市市长）

推荐序四　人生的智慧和导航

赵辜怀箴

我一直感恩自己能有这个福报，多年来能跟随在大师的身边，学习做人和学习佛法。每一次留在大师身边的日子里，都可以接触到许多感动的心，和感动的事；每一次都会让我感觉到，这个世界真的是非常的可爱。

大师说：他的一生就是为了佛教。这么多年来，大师就这样循循地督促着自己，为此，马不停蹄地一直在和时间做竞跑。大师的一生，一向禀持着一个慈悲布施、以无为有的胸怀，做大的人，做大的事。如果想要问大师会不会和我们一样斤斤计较？我想他唯一真正认真计较的事，就是，对每一天的每一分和每一秒吧！

在大师的一生里，大师从来不允许自己浪费任何一分一秒的时间；无论是在跑香、乘车、开会、会客或者进餐；大师永远都是人在动，心在想，手在做，眼观六路，耳听八方，把 1 分钟当 10 分钟用；在高效率中不失细腻，细腻中不失大局，大局中不失周全；周全里，充满了的是大师对每一个人无微不至的关怀和体贴。

大师自从出家以来，只要是为了弘法，大师从来不会顾及自己的健康和辛苦，数十年如一日，南奔北走，不辞辛劳地到处为信徒开示演讲；只要有多余的时间，大师就会争取用来执笔写稿；年轻时也曾经为了答应送一篇文稿给出版社，连夜乘坐火车，由南到北。大师从年轻时就非常重视文化事业，大师也坚信用文字来度众生的重要。大师一生一诺千金，独具宏观，不畏辛苦，忍辱负重，在佛教界树立了优良的榜样，对现代佛教文化事业得以如此的发达，具有相当肯定的影响力。到目前为止，大师出版的中英文书籍，已经不下数百本。

记得在 20 世纪 60 年代的时候，大师鉴于电视弘法不可忽视的力量，即刻决定要自己出资，到电视公司录制作晚上 8 点档的《星云法语》，使其成为台湾第一个在电视弘法的节目。我记得大师的《星云法语》是在每天晚间新闻之后立即播出，播出的时间是 5 分钟，节目的制作，既"精"又"简"。节目当中，配合着简单明了的字幕，听大师不急不缓地娓娓道来，让观众耳目一新，身心受益。

这个节目播出之后，立即受到广大观众的喜爱和回响。大师告诉我，在节目播出之后不久，由于收视率很好，电视公司自动愿意出资，替大师制作节目；大师从此不但有了收入，也因此多了一个电视名主持人的头衔。这个《星云法语》的电视节目，也就是今天所出版的《星云法语》的前身。

佛光山香海文化公司精心收录的《星云法语》即将出版。这一条佛法的清流，是多年来星云大师为了这个时代人心灵的需求，集思巧妙地运用生活的佛教方式，传授给我们无边的法宝。每一篇，每一个法语，星云大师都透过对细微生活之间的体认，融合了大师在佛法上精深的修行智慧。深入浅出地诠释，高明地把佛法当中的精要，很自然地交织在生活的细致之间，用生活的话，明白地说出现代佛法的修行风范，让读者有如沐浴在法语春风之中的感觉，很自然地呼吸着森林里散发出来的清香，在每一个心田里默默地深耕着。等待成长和收割的喜悦，沐浴着太阳和风，是指日可待的。

今承蒙香海文化公司的垂爱，赐我机会为《星云法语》套书做序，让我实在汗颜；几经推辞，又因香海文化公司的盛情难却，只有大胆承担，还请各位前辈、先学指正。我在此恭祝所有《星云法语》的读者，法喜充满。

（本文作者为国际佛光会世界总会理事）

目　录

卷一　政治人的胸襟

卷三　认知世间

卷一 ｜ 政治人的胸襟

人生无论成就事业、
做人处世都要平实，
不做虚空之事，
才会成功平安。

价值观

人，必须时刻反躬自省，才能进德修业；耳中能常闻逆耳之言，心中常有拂心之事，也是进德的砥石。此外，建立正确的人生观与价值观，也是进德之道。人应该建立什么样的价值观呢？有四点看法：

第一，无财非贫，无学为贫

有的人觉得自己没有钱，自己很贫穷。其实，没有钱财不算贫穷，不学无术才是真正的贫穷。一个人没有知识、没有学问、没有技能，将来如何谋生？即使祖先遗留再多的家产，也总有坐吃山空的一天。再说，自己没有一点学养、内涵，这种精神上的贫乏，才是真正的贫穷。所以过去说"万贯家财，不及一技随身"，自己有智慧、有学问，才是重要！

第二，无位非贱，无耻为贱

"位高权重"，说话可以呼风唤雨，这是多少人所向往的，多少人因此每天汲汲于功名利禄的营求。其实，没有当官、没有地位，并非卑贱，无耻才是贱。有的人虽然身居高位，但因为是用不正当的手段"买官"而当选，如此纵使有了官位，也是给人瞧不起。所以人格的贵贱，不是看表面上的地位高低，而是看他能否知廉耻、有惭愧心，懂得崇廉尚义，才是人格最大的尊严。

第三，无寿非夭，无志为夭

老人不在年龄，而在心境；人的寿命长短也不在岁月，而在有志无志。有的人年纪轻轻就去世，人家就说这是夭亡，是短命鬼。其实，短命不怕，历史上一些有声望的人，他们在世上的寿命并不长，却留给后人无限的怀念。一个人的功业并非靠年岁所成就，有志不在年高；在世间的寿命多久并不重要，重要的在于精神上的寿命，所以人要立志。

第四，无子非孤，无德为孤

"养儿防老"是中国人过去根深蒂固的观念。其实，养儿不见得能防老，积德才能防老。我们看社会上，有的人儿女成群，但因子孙不孝，老来孤苦无依者有之；有的人虽然无儿无女，但是他到处行善，照顾孤苦，他把天下人当成是自己的儿女，他就拥有天下人为儿女。所以，没有儿女不要紧，就怕没有道德，所谓"人有德，必有芳邻"，有德的人，自然不会孤独。

人要建立正确的价值观，人生才会活得丰富，活得充实。

健全的思想

人，最奇妙的就是有思想。个人有个人的思想，有健全的，也有不健全的，人人不一样。要创造事业，要有健全的思想；要立身处世，甚至持家治国，都要有健全的思想才能成功。什么是健全的思想？提供以下四点意见：

第一，没有地域观念的分别

现在是"无国界"的时代，更需要有"天下一家"的恢宏思想。但是有些人经常强调你是南部人、我是北部人、我们是本省人、你们是外省人，这种地域观念，只会造成矛盾和族群排斥现象，对整体而言并非善事。若能泯除分别，不分彼此，不相阻碍，如重重无碍的灯光，同体共生，社会才会平安和谐。好比今日澳大利亚，尊重多元种族的发展，因此呈现多元文化的蓬勃朝气，令人称赞与欢喜。

第二，没有重男轻女的歧视

人在性别上都是平等的，应该受到同等的看待与尊重。像现在世界各地都有女性或做民意代表，或担任部门首长，这都是人权进步的好现象。今后要进步，应以人的才、德为标准，没有男女轻重的歧视，人类才会更上一层楼。

第三，没有见解谬误的邪知

现在有一些智慧型的罪犯，就是"聪明反被聪明误"，或者错误的见解，引发无穷的祸患。比如喜杀、乐杀，见别人杀而赞叹杀；自己盗取他物，教唆别人偷盗，见人盗窃心生欢喜，这种行为甚至罪恶更深。

自己喝酒，强迫别人喝酒；自己妄语，以别人受骗为乐，凡此种种为见解上的错误，实在难以挽救。所以，健全的思想，要建立在没有见解上的谬误和邪知。在佛教认为破戒好比树木折干损枝，还可以忏悔改过；见解错误的破戒，如同腐烂的根茎，就无法忏悔回头了。因此切莫因为一时的邪知邪见，把微小的罪过，演变成万劫不复的重大罪孽，而留下无边遗憾。

第四，没有对人记恨的心理

打倒不喜欢的人，对自己就好吗？嫉妒比你强的人，自己就会成功吗？不会的。仇恨只会自我障碍，不会进步，最后发现什么也得不到。儒家说"君子无隔宿之仇"，佛家也说"不念旧恶"，转个念头放下，宽恕别人，就是宽恕自己，千万别把烦恼带到床上，否则自他无益，那就太划不来了。

怀让大师以"磨砖不能成镜、坐禅岂能成佛"，点拨马祖道一禅师的执着；百丈禅师以"不昧因果"，开解问道老者的疑惑，脱去五百世为狐狸之身，可见建立正知正见的重要。因此，要多读好书，多闻正法，亲近善知识，养成正见的人格。

我们努力的方向

无论做什么事都要有理想、有目标，才能努力以赴。好比开车时，要有方向，才不致走冤枉路；工作时，要有计划，运作方能顺遂。生活在大时代里的我们，除了为个人的未来努力，也要能为社会、国家的未来尽一份心力。我们努力的方向是什么呢？有四点意见：

第一，族群整体的认同

人常因为彼此的不同而产生情结，其中又以族群问题最甚。其实，生长在同一块土地上，说着共同的语言，有着共同的文化，何必画地自限？美国地大物博，是世界民族的大熔炉，各人种族群都可以共处；唐朝所以兴盛，也是因为包容不同民族的存在；孙中山也强调："五族共和"。因此，我们对族群要有整体的认同，同心同德，群心群力，才能发挥更大的力量。分化的思想，只会导致纷争、战斗，对人心社会并非善事。

第二，道德信心的恢复

物质生活丰富以后，有些人为物所役，道德观念低落，反而没有信心，不知道自己要做什么，现今实在更需要道德与信心的恢复与重建。一个人有道德，人欢喜与之共事；一个团体有道德，人欢喜参与其中。无论企业间的往来，或是人与人交流等，信心、道德都是不可或缺的品德，因此格外地需要加强建立。

第三，文化生活的充实

现今的社会形态转变，比钱财更重要的是精神上的富有，讲究慈悲、讲究品德，尤以充实文化内涵、精神更为重要。目前社会正大力提倡读书活动，这是很好的方法，借此可以建立书香家庭、书香社会、书香人生，提升生活质量。

第四，全民活力的再生

朱熹说："问渠哪得清如许，为有源头活水来。"有活水，就能源源不断。同样的，有活力，就有目标，有活力，就会进步；人生有活力，才有光彩；团体有活力，才能延续。现在应努力再生全民的活力，例如鼓励文教、奖励投资等，让我们的社会充满色彩、充满希望。

现在的社会，凡事讲求未来性，因此我们眼光要能放远、心胸要能放大，才能创造美好的未来。

政治人的胸怀

在这个世界上，没有一个人能离开政治而生存，所以说，世界一切都与政治脱离不了关系。因此，每个人到了法定的年龄，自然而然会成为社会人，而且是社会的政治人。身为政治人的我们，应该具有怎样的胸怀呢？有以下四点建议：

第一，要有道德勇气

不管是政治家也好，一般民众也好，在说话、做事的时候，都要讲究道德勇气。如果面对利害得失，只知争取自己的利益，不明是非原则，便丧失了做人的道德；或是当言不敢言，当做不敢做，向恶势力低头屈服，也都是没有道德勇气的人。

第二，要对政敌尊重

现代的社会讲究自由民主政治，人人可以有自己的主张，各人可以有各人的意见。因此，政治家对于不同主张和意见的政敌，必须给予尊重和包容，不能有"顺我者昌，逆我者亡"的专制思想，才是一个真正自由民主的政治人。

第三，要有服务热忱

孙中山曾说过："政就是众人之事，治就是管理，管理众人之事就是政治。"想要管理众人之事，必须先有服务的精神，所以，政治就是"服务"。身为 21 世纪的政治人、社会人，如果失去了"服务"的精神，便谈不上是个现代人。我们不但要有服务的精神，更要有服务品格，尽自己的心力来帮助人，才能获得别人对我们的认同。

第四，要有包容心胸

我们每天所听到的语言，一定有不少是不喜欢听的；每天所遇到的事情，也有很多是不顺心的。虽然如此，还是必须学习具备包容异己的雅量，以接受不同意见，听取不同的声音。一个人的包容心量有多大，其事业成就就有多大，所谓"宰相肚里能撑船"，即是接纳异己，包容世界万有的政治人。

立志为先

实贤大师的《劝发菩提心文》说:"入道要门,发心为首,修行急务,立愿居先。愿立则众生可度,心发则佛道堪成。"修行人有坚定的信愿,足够的愿心,成佛作祖也不是难事。世间事业也一样,具足信、愿、行,就能有所成就。在此提出成就事业、志业的四项要件:

第一,有信心就有力量

孙中山曾说:"信心就是力量。"宗教家也深信信仰就是力量。任何人都应该对自己有信心,对朋友有信心,对国家、社会有信心。古来许多战争,本来弱势的一方,常因有信心而转败为胜。如诸葛亮的"空城计",就是因为扮作百姓扫地的八十军士和诸葛亮身边携琴的小童,对他们的主帅有信心,才能不惊不慌地配合演练,而瞒过机警的司马懿,终于转危为安。

第二,有目标就会努力

每一个人都应该为自己定个目标,比方说我希望将来经商,我希望办厂、教书、有一技之长、为人服务或做管理者;甚至,立志成为圣贤,成为伟大的人物。总是要有一个目标,才有前进的方向;

方向确定之后，就会有动力，督促自己努力不懈地朝目标逐步迈进。

第三，有意志就能坚持

人要有意志，在艰困之际，才能锲而不舍。司马迁虽枉受"腐刑"之辱，却仍咬紧牙根，埋首著书，完成"究天人之际，通古今之变，成一家之言"的《史记》；就是他有"人固有一死，死有重于泰山，或轻于鸿毛"的坚持，才能够留下这部"史家之绝唱，无韵之离骚"的巨著。

第四，有愿力就会成功

《劝发菩提心文》也说："虚空非大，心王为大。金刚非坚，愿力最坚。"诸佛菩萨皆发大愿救度众生，如观音菩萨以"千处祈求千处应"的悲心，闻声救苦；地藏菩萨以"地狱不空，誓不成佛；众生度尽，方证菩提"的愿力，拯救沉沦；阿弥陀佛发了四十八大愿，而成就殊胜的西方净土。由此可知，坚固的愿力，才是成功的最重要因素。

我们常说"愿景"，愿景就是我希望将来会有什么光景。如果希望有个灿烂光景、有成功的人生，那么，就不要忘了这四个先决条件。

严谨之仪

　　宋代张靖撰《棋经十三篇》中说："博弈之道，贵乎严谨。"棋要下得好，严谨的态度非常重要。接着又说："宁输数子，勿失一先。"有严谨的态度，才能审慎通盘考虑，才有余裕洞烛机先，赢得胜算。不仅棋局对峙时应有严谨的态度，在犹如棋局的人生中，也应有严谨之仪，才能笃定而无失误。如何才是处世的严谨风仪？有下列四点意见：

第一，不可乘兴而轻诺

　　信守承诺是做人的道理，中国人更强调"君子一言，驷马难追"，双方承诺的事，甚至不用写契约书，口头约定即具效力。乃至侠义之士宁"重然诺"而"轻生死"，可见重诺守信，是一个人立身处世的重要态度。严谨的人，在点头应允他人的要求前，会先评估自己的能力，绝不轻诺寡信，导致信用破产。

第二，不可因忤而生嗔

　　慈悲正直明理的人，会容纳别人的不同。所谓"智者千虑，必有一失；愚者千虑，必有一得"。一个人再如何聪明能干，也有考虑不周密的时候，因此，不要因为别人意见与我相左就生气；也不要因他人违逆我的意思就不悦。"狂夫之言,圣人择焉",态度严谨者,愈能虚心广纳多方。

第三,不可恃宠而骄傲

所谓"福祸无门,唯人自召"。祸能生福,福能生祸。一个人处于危难之际,心存敬谨,战战兢兢,就能将灾祸减低至最小,此即祸能生福之理。反之,一个人在平步青云,处处得长辈宠爱、贵人相助时,恃宠仗福而骄纵,轻忽侮慢他人,无形中减损自己的福报,福去祸即生。因此,严谨之人,切忌恃宠而骄。

第四,不可位尊而忘本

有的人出身贫穷,不过由于努力,慢慢也有所成就。地位尊贵后,却忘记自己的根本,患难之交不要了,乡亲故人不要了,乃至贫困时的关系因缘,都不要了,这样忘本的人,是没有人喜欢的。东汉光武帝的姐姐湖阳公主看上大臣宋弘,想要嫁给他。光武帝叫宋弘离婚娶湖阳公主。宋弘婉拒:"贫贱之交不可忘,糟糠之妻不下堂。"湖阳公主只好打消念头,宋弘的德行成了一段历史佳话,也赢得后人的赞誉。

严谨是每个人应有的处世态度,具备"严谨之仪"者将受到人们的尊重与爱戴。

涵养风姿

《大学》说："富润屋，德润身，心广体胖，故君子必诚其意。"一个富有的人，可以用金钱财富来将房子打点得富丽堂皇；一个有智慧的人，则是以敦品励德，来涵养仪态容貌的庄严。一个人的内心修养，显现在外就成为气质风度，所以说："诚于中，形于外。"有涵养者的形象是怎样的？有四点：

第一，聪明者不迷

一个聪明人不会被迷惑。这个世界上能迷惑我们的东西很多，显赫的声名地位可以迷惑我们，充裕的财富金钱会迷惑我们，浪漫的爱情会迷惑我们，甚至他人的甜言蜜语、恭维尊敬都可以迷惑我们。如果是一个聪明的人，就能看透这些事物背后的虚妄不恒长，而不被其迷惑。

第二，正见者不邪

所谓"正见"，就是正确的知识见解，即使众说纷纭，他都能坚守原则，不为所惑。比方现代社会上的宗教现象，虽说正信的宗教不少，但是假借宗教之名，行敛财诈骗之实者也颇多。如果没有判别正邪的能力，追求错误的信仰，花钱了事还算幸运，如果因而身败名裂，家破人散，那就非常不值得。因此，真正有涵养的人具正见，知道如何正确选择自己的信仰，不会错信与邪信。

第三，有容者不妒

一个有涵养的人，能够包容异己，对于不同意我的人，不同的思想、种族、国家、语言行为，都有包容的雅量。对于他人的成就、荣誉、声名也不会嫉妒。有涵养者深知佛经"守志奉道，其福甚大；睹人施道，助之欢喜，亦得福报"之理，乐于随喜他人的成就，不妒不嫉。

第四，心静者不烦

有涵养的人在一天当中，会保留一个宁静的时刻给自己，作反省、静虑思维，摒弃心绪的繁琐杂芜，让心灵获得清明，才有足够的智慧，正确明智地处理事情。正是所谓"知止而后有定，定而后能静，静而后能安，安而后能虑，虑而后能得"。

有涵养的人，其展现在外的风度姿仪，甚为丰富深厚。

平实的利益

米实了，煮出来的饭，才会香美可口；木实了，做出来的桌椅，才能坚固耐用；人生无论成就事业、做人处世也要平实，不做虚空之事，才会成功平安。平实的利益有哪些？有以下四点：

第一，不妄求，是知足的生命

在这世间上，有的人急急忙忙求这个、求那个，种种的不知足、不满足，真是"争名日夜奔，争利东西惊"，这样的生命，怎会自在逍遥？假如想要过平实一点的生活，你不要去妄求。该来的，是你的，跑不了，也不会失去；不该来的，不是你的，怎样想方法获得，即便是煮熟的鸭子，也会飞走。因此，所谓"由淡中知真味，从常里识英奇"，你不妄求，才能体会知足生命的宝贵。

第二，不聪明，是本分的性格

一般人总是求聪明，苏东坡却说："唯愿孩儿愚且鲁，无灾无难到公卿。"聪明不好吗？不一定。聪明是一种知识的能力，如果没有正确方向，变成小聪明，反而助长恶事，自堕烦恼，这就是聪明反被聪明误。能够聪明而不自觉聪明，不要聪明，这就是一种本分性格。你老成、本分，所谓"大智若愚"，才是真聪明。

第三，不计谋，是诚实的做人

有的人做人种种用心，种种计谋，种种经营，种种欲求，弄权术、搞阴谋，万般心机，到最后弄得自己疲惫不堪，徒然给自己生活带来不安然、不快乐。如果能够"万机休罢付痴憨"，不再竞争汲营，不再用权谋算计，那就能诚诚实实做人，放下自在，平安得福。

第四，不自私，是单纯的身心

有的人非常自私狭隘，什么东西都是"我的身体""我的需要""我的家庭""我的亲戚""我的朋友"……到最后，无论什么东西都是"我的"，因为"我的"太多，他的世界里只容得下自己，没有别人，苦恼、麻烦也就跟着多起来。能够不自私，什么都是大家的、大众的、你的、他的，只为别人，不据己有、慈悲喜舍，就会拥有单纯的身心。

负重的条件

每一个人都具有无限的潜力，就看我们自己能不能把潜在的性能发挥出来。你能把性能发挥出来，就可以"能早能晚""能饱能饿""能冷能热""能大能小""能进能退""能上能下""能有能无""能荣能辱"，无所不能。这就是一个人生活在这世间能承载的力量。如何增进这承载负重的力量呢？有以下四个条件：

第一，能智能拙，期可久也

一个人需要聪明、智慧，才有办法面对和解决遇到的种种人、事、物问题，但有时候也需要"拙"的功夫。"拙"不是愚昧，不是愚痴，"拙"只是不足、不灵巧，就是因为这样，所以才肯踏实、本分、朴实、一步一步地把一件事做好，这是成功之道，也是做人处世的长久之计。因此，人的一生里，能智能拙最好，若不能时，也宁可以选择拙，千万不可以智害拙。

第二，能信能疑，险可走也

信，是立身处世的根本。于世间要有信有义，对别人要诚信不欺，做事情要守信为先，对自己更要有坚定的信心。但是，所谓"害人之心不可有，防人之心不可无"，有时候，也不得不要有犹豫质疑的情况。当信的时候相信，当疑的时候也要怀疑，如此，遇到危机、危险时，你才能处理化解，平安度过。

第三，能刚能柔，重可负也

做人处事，你光是执理刚强，别人也不容易服气。反之，一味地低姿柔软，人家也会看你不起。所以，有的时候要"刚中有柔"，有的时候要"柔中有刚"，当刚则刚，当柔则柔，刚柔并用，才可以忍辱负重，达成目标。

第四，能屈能伸，功可成也

古人有云："君子之身，可大可小。丈夫之志，能屈能伸。"为了理想抱负，目标愿景，我们做人处世也要"能屈能伸"。好比这双手，握拳可以施力，伸展可以取物，能收能张，才能运用自如。能懂得"大直若屈"，功业可成也。

骆驼能负重，所以能越过沙漠；船只能载重，所以能横渡汪洋；要坚强勇敢地行走在人生道路上，这四点负重的条件，要自我培养。

真正的内涵

　　一个人有漂亮的容貌，亮丽的外形，在社交活动上当然会占优势。但是要真正有魅力，绝不能光靠外表。外表是假象，青春很短暂，容貌很快会随着时光的流逝而衰老。一个人的内涵可以随着岁月的成长而逐渐丰厚，而成为真正高贵庄严的人。内涵不等于漂亮，却是别人不敢小觑的特质。除了气质、道德、聪明智慧等都可以是我们的内涵外，这里还有四项具深意的内涵，提供给各位：

第一，真正的力量是忍耐

　　忍耐是勇者的象征，忍耐是担当、是力量，忍耐甚至能化除仇恨。所谓"忍一时，风平浪静；退一步，海阔天空"。现代人因为渐渐不堪忍耐，什么事都要争，因此也慢慢形成社会的暴戾风气，因一时气愤，而闹出命案的新闻也不少见。人家都说"士可杀而不可辱"，韩信却因为忍得胯下之辱，而成为真正的英雄。因此，忍耐才是真正的力量。

第二，真正的智慧是宽厚

　　有些人很聪明，但他的聪明是用来跟人家计较，讨人家便宜，或算计别人，这些都不算真聪明。真正的聪明是肯待人以宽、以慈、以德，有如此宽厚的德性，才是真聪明。

不吝以自己的智慧为人服务，以自己的福报与人共享，在言语、行为上，处处留人余地，才是真智慧。

第三，真正的慈悲是包容

我们讲究慈悲、讲究博爱、讲究人和，最要紧的是要有包容心。你的爱心有多大，可以包容多少，你就拥有多少天地。你能爱一家人，你做家长；你能爱一村人，你就有做村长的能耐；你能无私地爱一个国家，处处为人民着眼、谋福，你就有资格当国王。你的慈悲如虚空，能包容万物，那么，你就拥有整个宇宙天地。

第四，真正的财富是满足

有一个人骑着驴子外出，见到前面一个人骑着马，他好生羡慕，恨不得自己骑的就是马。可是回头一看，有一个人正汗流浃背地推着车。他满足地说："你骑马来我骑驴，看看眼前我不如；回头一看推车汉，比上不足下有余。"有再多的财富，如果不知满足，还是贫穷；虽然仅有少许财富，却很珍惜、很满足，这才是真正的财富。

内涵要点滴积聚，非一蹴而就，非文饰可得，要从内心逐渐培养忍耐、宽厚、包容、知足的德性，才能丰富我们真正的内涵。

慎独

一位惯窃的父亲带着儿子入室盗窃，并且让儿子在外把风。正当在屋里翻箱倒柜之际，忽然听见儿子的叫声："爸爸，有人在看我们！"父子俩落荒而逃。跑了一段路后，他问儿子："刚才你看到什么人？"儿子回答："月亮一直看着我们呀！"

我们一切作为，起心动念，不但月亮看得到，乃至因果昭然，无不尽知尽见。儒家说："君子慎独"，就是提醒自己独处时，必须有"战战兢兢，如临深渊，如履薄冰"的谨慎心念。如何独处？四点提供给大家：

第一，独居不妄想，是养气功夫

胡思乱想，易生暗鬼，因此我们应不欺暗室，养成端正的心志，坦然无畏的功夫。佛陀告诫弟子："寂静不作恶，善说不乱思，则能远恶业，如风扫枯叶。"意思是，若能居于寂静中，不作恶业，口出善语，思想无妄念，恶业就像清风拂去枯叶一般，自然远离。独处时，能谨慎地觉察自己所思所行，所谓"防身离过"，正直刚大之气，自然成为心底功夫。

第二，独行不滞碍，是养神功夫

独行做事，无所挂碍，以戒定慧作为身口意的防护，可以逐渐养成独立承担的人格与气魄。所谓"高高山顶立，深深海底行"，拥有独立人格者，他不畏困难，不怕挫折，念念作积极、光明面想，能够任运自如，不停滞、不执着，自是养神功夫。

第三，独室不邪思，是养德功夫

君子修德，所谓"幽隐细微，必慎其几"。我们独处，所谓"暗室屋漏，一如大庭广众之中，表里精粗，无一或苟"，不邪思、不邪想，不意念是非人我，起心动念间如法清净，幽暗细微处严格要求，慢慢内化成自身的涵养，自然成就养德功夫。

第四，独自不愧心，是养量功夫

东汉昌邑县令王密，夜送 10 斤黄金，报答太守杨震栽培之恩。杨震辞金不受，王密说："现在是夜晚，无人知晓。"杨震大怒，斥声说道："天知，地知，我知，你知。怎么会无人知道？"如果我们也能如此，以无愧于己的信念，抵御暗室可欺之心；何时何地，一切作为，不愧对天地良心，自警自诫，必能长养自己的心量，丰富自身的内涵。

曾子说："十目所视，十指所指，其严乎。"我们若能不愧屋漏，在举心动念间，不敢逾矩，把握分寸，心中有天地，有规范，风度自然成熟泱泱。

操守

莎士比亚说:"在命运的颠沛中,最容易看出一个人的气节。"人的一生要克服无尽的磨炼才能成长,所谓"富贵不能淫,贫贱不能移,威武不能屈",这些磨炼包括物质、情爱、忠诚度的考验,更是"操守"的试金石。在人生的旅途中,我们如何才能坚守自己的操守,不受外境诱惑而变节呢?有四个譬喻说明:

第一,金可磨,而不可以夺其色

黄金可以耐高温冶炼,可以磨到发亮而颜色始终如一,不被外力夺其颜色,此即"真金不怕火炼"。黄金在高温之中不变其质,更不坏其色;就如正良贤士,即使遇到外力的胁迫利诱,也不会改变他正直忠诚的本质。说明人生本是一场无尽的考验,能勇于接受磨炼者,才能如真金炼之以火,一切垢尽,不但不变其色,更能转为明净。

第二,兰可移,而不可以减其馨

兰花,原是生长在深山幽谷之中,即使被人移植到花园里栽种,也能不减其馨香,所以被古代文人雅士誉其如不求名利的高节之士。语云:"闹中静察,困时向上",说明有涵养的人,处境穷困,其心志宽广；身处富贵，也能恭敬从容。所谓"忧道不忧贫"，一个有着高风亮节之操守的人，不因外在环境改变而放弃追求真理的热忱，如此才是真正的君子。

第三，玉可碎，而不可以改其白

白玉即使被打碎了，依然保持它净无瑕秽的洁白颜色，不因破损而玷污其质。贤能忠诚之士如洁玉般，不因诱惑而损其道德和节操，更不会因外侮而变节改志。孔子说："可以托六尺之孤，可以寄百里之命，临大节而不可夺也。"《礼记》亦云："临财毋苟得，临难毋苟免"，都是说明君子不变其节的高尚情操。

第四，铁可销，而不可易其刚

钢铁可以受烈火销熔，但是它的刚性、硬度，是不能改变的，就如孔子所谓："三军可夺帅也，匹夫不可夺志也"。又说："志士仁人，无求生以害人，有杀身以成仁。"看看历史上如文天祥、张良、苏武等宁全大义而守节的豪杰义士，其大无畏的精神，就如"铁可销熔，而不可易其刚"之气节。

岳飞曾说："文官不爱钱，武将不惜死。"说明做人要能不受富贵引诱而易心，不因贫贱磨难而丧志，不被暴力威逼而变节。就如黄金能保持自己的本色；如兰花能保持自己的芬芳；如白玉能保持自己的清白；如钢铁能保持自己的正直。这四种节操，正是我们应有的操守。

气节

人不怕无权无位，就怕没有志气。一个有志气的人，纵使身处逆境，尽管被人打压，都能像蝴蝶一样"破茧而出"；没有气节的人，纵使环境因缘再好，他反而耽溺其中。所以人要有气节、要有节操，有气节才有志气、才有勇气、才有义气、才有道气。人的"气节"，有四点说明：

第一，在贫困中要有人格志气

人生的际遇，有穷通祸福、兴衰荣枯。当处穷困时，有的人很容易丧失尊严、失去斗志，有的人则"人穷志不穷"。人格志气的可贵，是在功名富贵之外；人有志气，则困苦反而是完成人格的增上缘。一个人平时如果不肯进德修慧，人格就会卑贱；心里常念"好""惭愧""结善缘"，则能使人格达于善美。

第二，在危难中要有信心勇气

佛经云："国土危脆，三界无安"，世间本来就充满了不可知的变数，人生也难免会有遭逢危险、困难的时候。面临危难，最重要的是要有信心，要有勇气。有的人遇到了危难、困苦，自己完全没有勇气、信心去面对。一个对自己的前途、未来没有信心、没有勇气的人，怎么能力求上进呢？

第三，在富贵中要有善心义气

有的人否极泰来，从困苦中奋斗有成，一下子富贵发达了，他就挥霍无度，完全忘记自己当初是如何从穷困中走过来的。因为不能记取过去的经验，不懂得谨慎面对未来，很可能又会再度失去所有。所以人处富贵的时候，应该懂得贫穷困苦的艰难，应该更有善心义气去帮助穷苦的人。当处富贵时，能有善心义气主动去帮助别人，自能增添自己人格的光辉。

第四，在修持中要有正心道气

一个人不管信仰什么宗教，不管修持什么法门，最重要的是要有正心道气。所谓"因地不正，果遭迂曲"，一个人如果心地不正，则"邪人说正法，正法也成邪"；反之，"正人说邪法，邪法也成正"。所以在修持中要有正心道气，心正，才有道气；心不正，根本谈不上道气，当然也就无从发挥。

有志气的人，一句话，不管好坏，都能使他长进；一个境界，不管顺逆，都能激发他的潜能。就如刚发芽的竹笋，寒风冷雨也能助它成林。

思维

人生的每个阶段有不同的思维方式；不同涵养的人，有不同的需求。幼儿希望有牛奶喝，年轻人希望才华横溢，成年人希望名利双收，每一个人所思所想各有不同。如果你想要了解自己是一个什么样的人，只要每天仔细观察自己的所思所想，必定可以认识自己、找到自己。以下有四种思维提供大家参考：

第一，思维珍宝财物是凡人

一般人大多希望自己获利愈多愈好，积蓄愈多愈好。虽说物质生活是人类的基本需求，但是对于身外之物过分需求，汲汲营营，每天心里所想只是如何钻营财利，脑筋所动就是计较权贵珍宝，这不就是十足的凡人吗？

第二，思维湖光山色是诗人

有些人不在乎财利权势，寄情于山野林间，归投朴实不华的生活，他赋吟自然之美，歌咏大地之广，怡然自得、任运无碍。虽不见高俸荣禄，却有山林的丰富物产；虽不见高广闲庭，精神却与天地物我合一，这样与世无争的性格，就是诗人雅士的性格。

第三，思维道德仁爱是贤人

《礼记》载："仁者莫大于爱人。"一位具备仁爱之人，他会经常想到礼义道德，而不是计较利害得失；他会常思及如何去利益别人，而不是自己的安乐利养。有仁爱的贤人，他会救人的危难，济人的窘急，但不会因求自己的名誉而去伤害他人。

第四，思维真如佛性是道人

假如我们每天心中都是心存善念、欢喜助人，以及如何去除习气、去除妄想烦恼，找到真心，明心见性。甚至发菩提心、发慈悲心，这就是个修道人，甚至他会像观世音菩萨一样闻声救难，慈悲利人，像地藏王菩萨救苦于倒悬。所以常常反观自照的人，就是属于修道人的性格。

思维自己属于何种人，就是在反省自己的优缺得失，古德说："白日所为，夜来省己，是恶当惊，是善当喜。"就是在思维自己的心念是否偏离正道。所以，想要知道自己是一个什么样的人吗？可以仔细检查一下，平时心中的思维是什么？

回馈

有的公司、工厂一旦经济效益显著，左邻右舍都会来要求回馈，希望能为当地建设付出心力；当然民众在纳税之余也希望政府回馈，为人民增加各种福利制度；乃至有回馈客户、回馈乡里、回馈意见等。其实，倒不一定要人家来回馈我们，我们自己也要懂得回馈别人。"回馈"有四点：

第一，对父母要回馈以孝顺

《诗经》云："哀哀父母，生我劬劳。"父母于生养子女之初，从不嫌弃便溺的肮脏，抚育时，更是竭尽心力；当儿女长大成人之后，又提供教育的机会；出了社会，还要忧心事业顺利与否。父母为子女辛劳了一辈子，为人子女的我们能不报答、不回馈吗？因此，对父母要能孝顺，凡事不要让父母担心困扰。

第二，对师长要回馈以恭敬

师长传授知识给我们，给我们不断的鼓励，带领着我们成长，甚至放下了自己的大好前途，无私地奉献教育、提携后辈，我们能不回馈师长吗？因此，对师长要心存恭敬，所谓"有事，弟子服其劳"。心存恭敬，则无事不成，也不负师长的栽培之恩。

第三，对朋友要回馈以帮助

从小学、中学、大学，一直到踏入社会，我们会结交不少朋友。遭逢悲伤时，朋友是最大的精神支柱，给予我们莫大的鼓励和慰藉；欣逢欢喜事，朋友是分享的最佳对象。求职时，朋友鼎力协助帮忙；计划时，朋友提供宝贵意见；遇到任何需要，朋友总是第一个给予帮助的人。反观自己，朋友给予的帮助这么多，我有回馈他们吗？我是有情有义来帮助朋友的吗？

第四，对社会要回馈以奉献

日常生活里，我们能不愁吃、不愁穿，搭车有专人服务，工作有福利保障，交通也便利快捷，一切都是因为社会各界的努力奋斗。国家积极建设，我们才拥有诸多方便享受，以及一切所需。正因为拥有了这么多，我们更应该回馈社会，为社会的进步和发展贡献力量。

一个懂得回馈的人，必定是个富有的人；不懂得回馈的人，则将贫穷一生，希望人人做富贵之人。"回馈"有四点建议，希望大家付诸行动。

是非

人际之间，最忌蜚短流长、捕风捉影，空穴来风的话，不仅自己苦恼，也伤害他人，成为是非。宋朝怀深禅师告诫世人："莫说他人短与长，说来说去自招殃，若能闭口深藏舌，便是修行第一方。"做人，要少说人家的是非，少论他人的短长，这"便是修行第一方"。然而，世间的是非这么多，怎样来面对呢？

第一，不说是非

说话要有智慧，该说、不该说，也要智慧判断。例如所说非人不说、谄媚阿谀不说、出言招忌不说、说了招惑不说。佛门云："少说一句话，多念一句佛。"古德亦云："时时检点自身事，莫费工夫论他人。"就是要人修好口德，不在自己的口下犯过失。

第二，不传是非

君子不但不说是非，也要不传是非，更不去渲染、扩大。所谓"是非止于智者"，就是让所有的是非、恶言，到我这里便截止了，不两舌、不挑拨，以讹传讹。念庵禅师有一首偈语说："世事纷纷如闪电，轮回滚滚似云飞；今日不知明日事，哪有工夫论是非。"讲话自重，少说是非，多说好话，就能不传是非，维护口业。

第三，不听是非

世事多纷杂，此也是是非，彼也是是非；是非朝朝有，不听自然无。假使听到"是非"，也不必苦恼，要能分辨善恶、黑白、对错，以真理判断，不合道德、不合礼节，就当远离。让自己的耳朵不听是非而听实话，不听恶言而听善语，不听杂话而听佛法，不听闲言而听真理，耳根自然就清净了。

第四，不怕是非

现实的人生，到处都有是非，可是在一个有道之人听来，一切都是因缘和合。是自己的是非，忍耐一下，终究会过去；或遭人毁谤，也是暂时的假相，无须丧气，以讥我、谤我为助缘，当作是消灾解怨。至于别人的是非，要用智慧判断，不必跟着起舞，学习弥勒菩萨大肚能容，把是非、烦恼消融转化，一切嗔怨自会平息。

面对是非之道，不但不说是非，不听是非，不传是非，不怕是非，进而检举是非，求证是非，公开是非，是非就会遁之无形，无法存在。

养智

一般人都重视保养。为了身体健康而养身，为让心理健全要养心，为使精神、体力充足需养神。除此之外，最重要的是"养智"，智是般若智慧，它不同于聪明，有时聪明反被聪明误；智也不同于灵巧，灵巧是敏捷，但有时不深厚。"智"如同镜子，自然光照毫无造作，正确如实而无伪饰。如何养智？有四点要增强：

第一，要有清楚的观照力

看人、看事、讲道理，要有观照的力量，清楚、明白，不偏不倚。好比照相时，距离、光圈调得准确，才能照出清晰的画面，言谈、处事也是这样，有智慧的观照，就能正确无疑。具备了观照力，外境的五欲六尘才不致登门而入，扰乱身心，念头也才能保持在了了分明的觉察中。

第二，要有正确的判断力

颇受社会大众敬重的温世仁先生曾说，未来的学生必须具备两项条件，一是语言，二是判断力，这是没有错的。判断力的养成尤其重要。判断善恶、是非、好坏，要依循一定的标准、道理，也就是要有普遍性、平等性、必然性，判断出来才会正确。它不是糊里糊涂的，不是某一个人说是就是、说非就非。如同下棋要有判断力才能胜出，登山要有判断力才不至迷失。人生也如下棋、登山，要有明智的判断力，每一步才能稳固，生命才不致迷惑。

第三，要有合理的思维力

《增一阿含经》有云："以我有忍力、思维力故，便能降伏魔众，成无上正真之道，坐于道场。"一切人、事、物，并不是光看表面就能明了，必有它内在的道理；也不是光看一时，还要看它过去的因缘。所以，凡事经过合理的思考，前因后果、来龙去脉，都要考虑清楚，才能掌握重点，也才能增学进德，增长智慧。

第四，要有果决的自信力

一个人若不得办法判断、了解，就无法给予人指导，自己也生不起自信心。具足智慧，就懂得判断，信心就会增长，随之产生力量。

有了自信力，对于是非判断，就会快速果决；有了自信力，困境当前，就会展现能力与信心；有了自信力，才能在毁誉之前，不改其志，肯定自我的能力与价值。

每个人无不希求智慧、明朗、圆满。以上四点的"清楚的观照力""正确的判断力""合理的思维力""果决的自信力"，就是养智的方法，懂得培养增上，必定能开发智慧。

节制

　　节制是一股自制的力量，人不知节制，就容易出问题。所谓"病从口入，祸从口出"，饮食不节制会生病，说话不节制招怨怪。过分欢喜、过分悲哀，不是乐极生悲，就是愁肠百结，都不是好事。"节制"是保持冷静的智慧，可以避免冲动，作出错误的判断。到底要节制哪些呢？提供以下四点参考：

第一，言语节制则怨尤少

　　语言是沟通的桥梁，《韩非子》说："事以密成，语以泄败。"西谚也云："如同选择食物一样，说话也要选择。"话要见机而说，简洁而说，否则多余的一句话，会惹来不必要的麻烦。不必说而说是多说，不当说而说变是非，因此要懂得说话艺术，才不会招惹怨尤；懂得说话节制，是智者的表现。

第二，举动节制则悔吝少

　　行为举动是一种礼仪，凡有所行，应有其节。行为不当，容易引起误会，甚至惹祸上身，例如不当笑而狂笑，不当哭而号哭，不该做而多管闲事，应该做而不敢承担，就会误解、怨恨、不知轻重、不明因缘，引起种种情绪，百结丛生。倘若举动有节度，烦恼会减少，获得他人敬重；举止知节制，懊悔会降低，可以安顿身心。

第三，饮食节制则疾病少

古德说"吃饭七分饱"，意指不贪求、不过饱；佛教也说修道人摄取食物"如蜂采华，但取其味，不损色香"，说明吃东西只是为了滋养色身，好用功办道，不在口感上过多重视。唐朝孙思邈所说："盖饱则伤肺，饥则伤气，咸则伤筋，酸则伤骨。"吃太多、太少、太咸、太甜都容易致病，因此，饮食调配适时定量，才是健康之道。

第四，欢乐节制则祸败少

每个人都想追求欢乐，但过于欢乐，往往失去平安。像巴西嘉年华会，整夜狂欢；台南盐水蜂炮，刺激危险；乃至高速飚车，疯狂蛇行等，意外就产生了。太过兴奋，造成心脏负担，血压上升；得意忘形，苦果随之现前。所以，在快乐时，要明白无常变异的真相，懂得节制，才能避免祸事。

花朵过分盛开容易凋谢，水果过分成熟失去原味，做人过分谦卑变成虚伪，因此，凡事都要能节制，不吃过头的饭，不说过头的话，不走过头的路，不做过头的事，学习《法句经》说的："能克制自己，过于胜他人，若有克己者，常行自节制。"这就是自制的力量。

有格

人生的意义，不在于三餐温饱，而如行尸走肉般地活着；人生的价值，也不在于创造亿万财富，却是一毛不拔，悭吝不舍，自私自利地营造一己之福。人，要活得于人有益，要活出自己的道德人格来，才有价值、才有意义。如何活得"有格"，有四点看法：

第一，不做金钱的奴隶

俗语说："一钱逼死英雄汉。"人要在世间生存，不能没有物质生活，当然也不能鄙视金钱的重要。但是，有的人富甲天下，却不懂得善用金钱，每天守着财富，怕被偷、被抢、被倒账，成了守财奴。另外，也有人每天汲汲营营于追求财富，把财富看得比亲情、友情、人情更重要，为了金钱可以不顾一切，如此不但同样做了金钱的奴隶，而且失去了人格。所以，人要知足，要有智能应用财富，而不是被金钱所用。

第二，不做物质的俘虏

人，为了五欲之乐，往往做了物质的俘虏而不自知。例如为了要住豪华大宅，天天忙于打扫房子；为了要买卖股票赚钱，天天为涨停板、跌停板而操心。甚至为了一部进口汽车，天天要照顾、要保养，或是为了一件漂亮的衣服，种种的爱惜、整烫等，都是做着物质的俘虏。此即所谓"心为形役、人为物役"，何乐之有？所以，人应该节制物欲，才能活得洒脱自在。

第三，不做欲望的跟班

人，活着究竟是为了什么？有时候想一想，几乎都是为了欲望而辛苦；欲望愈大，生活就愈辛苦。有的人渴望发财，天天就为发财辛苦，做着财欲的跟班。有的人为了美色，于是为美色辛苦，做了美色的跟班。乃至希求名位，就为名位辛苦，所以财、色、名、食、睡，过分的贪求，就成为"地狱五条根"。人总在不自觉当中，跟着五欲走上自我毁灭之路，岂不可叹！

第四，不做权势的仆人

人，永远不会知足。没钱的时候，希望发财；有了财富，又希望成名；名气有了，还想着权势。看到别人有权有势，出门前呼后拥，何等风光？于是处心积虑，想尽种种办法接近权贵，如仆人般地小心侍候着。为了攀附权贵，如此趋炎附势，失去了自我，人生的价值何在？

所以，人要有骨气，所谓"风檐展书读，古道照颜色"。人生最重要的，是要活出自己的风采，要活得"有格"，这四点意见，值得我们深思。

法律

　　我们在人间生活，有了制度，有了规范，生命权利才能获得保障，因此国家制定了人民共同遵守的法律，用以惩戒坏人、保障好人。法律是人类行为的共同准则，法律之前，人人平等，不因生活水平、谋生能力、地位贵贱、权利高低而有不同的惩戒条例。

　　所谓"法律"，其意义有两点：

第一，善恶是显露的法律

　　法律是用来制裁犯罪、打击恐怖行为，是保护善良、维护道德伦理的法规。所谓"法网恢恢，疏而不漏"，再高明的违法手段，终有露出破绽的时候，所以在法律之前，千万别心存侥幸，莫存疏漏之心而去为非作歹。俗语说："若欲人不知，除非己莫为"；法律是无情的，法律是惩奸除恶，是维护善良的戒尺。

第二，本心是内在的戒律

　　法律能对罪犯处以刑罚，但是人们内心无形的善恶，由谁来判决呢？自己的良知，以及自己的本心！孔子曾说："以德去刑"，说明人人自觉的道德本心，就是内在的戒律。所以每个人都是自己的"法官"，自己应该为自己每天的行为作裁决，我做了什么善事？

作了什么恶？自己的善恶自己最清楚，你逃得了天下人的眼睛，逃得了国家的法律，但是逃不了自己的良知。所以本心是内在的戒律。

美德

美好的、合乎真善美的道德、行为，就是美德。美德令人感到欢喜，具有许多美德的人，令人感到真诚，让人相处起来，舒服、和谐、乐于亲近。美好的德行有哪些呢？

第一，美貌使人悦目

美貌不是美丑的比较，也不只是外在、外表而已，它更包含内在的庄严美丽。一个人外在洁净不邋遢、环境整洁不杂乱，加上内在的修为、气质、风度、品格等，这样呈现的美，自己有信心，也会让人欢喜。因此，我们更应把美推广到世间，从环境周围，到人与人之间，到个人内外，比方挂一幅好画，分享一首好歌，乃至自己风采仪范的养成，都是令人赏心悦目的。

第二，道德使人敬仰

有谚语云："人间道德无价宝，比山比岳万倍高。"道德，它维护社会人群的纲纪于不乱，具有保护生活安全的功能，它更是人类最珍贵的质量。你有惭愧、有感恩、有慈悲、有信仰，具备这种种美好的道德，别人会对你生起恭敬心。

第三，贞洁使人尊敬

无论是男人，或是女人，都要有贞洁的品德。贞洁指的是，做人不要是两面人、言行不要前后矛盾，他不会没有是非的观念、没有忠奸的辨别，也不会像墙头草，随着风吹到东就向东，吹到西就向西。他讲究信誉、讲究诚实、讲究无欺、讲究清净。所以贞洁的人，让人家感觉到跟你做朋友，可以推心置腹，可以放心信赖，因此会使人尊敬。

第四，真诚使人信服

和人相处，真心诚意才能获得朋友。不以耍手段、玩欺骗，用小聪明来占人家的便宜。别人上当一次、两次，可能还肯原谅他，多次以后，人家看破他的别有用心，看穿他是纸老虎，对他的做人信誉，就有所怀疑了。所以，唯有真诚，友谊才能恒长持久，人格才能让人信服。

道德不是教条，道德更不是框框，它是自己发自内心愿意去实践的美德，是自我的净化、自我的升华，自然别人也会尊重你。具备以上这个四点"美德"，实在是对人间的一种好供养。

蓄养

　　学生要蓄养各种能力，将来才能为社会所用；企业要蓄养人才，才能永续经营。人要蓄养体力，方能精神奕奕；人要蓄养兴趣，人生才能丰富，乃至要蓄养人缘，才能为众所信。对于"蓄养"，有以下四点建议：

第一，寡言得以涵智

　　《礼记·内则》曰："慎而寡言者，使为子师。"有的人讲起话来总是滔滔不绝，不经大脑思考就脱口而出，得罪人还不自知；有的人沉默寡言，一旦需要开口，总能口出智慧之语，令人尊敬。因此，一个谨慎的人，不会随便开口说话；一个急性子的人，话总是特别多，却也常因语出不当而后悔莫及。

第二，惭耻必能增德

　　宋朝诗人李邦献说："以礼义为交际之道，以廉耻为律己之法。"人若能时时生起对不起别人、对不起自己的心，一定能增上道德。过去有个画家为了画罗刹像，想找面貌凶恶的人做模特，有人建议他到监狱找，画家到了监狱，看到里头有佛堂，便打消了来意。管理员问他，他说："被佛法之水沾沐的人，再怎么凶狠，都会有惭愧心，这里不会找到面貌暴戾的人了！"所以，拥有惭耻心，心地必是庄严美丽。

第三，宁静足以自处

人生最痛苦的事情，莫过于身心无所安置。有的人一上讲台，紧张到手脚不知道放哪，身心无处安顿。明朝周敦颐说："无欲则静，静则明。"从宁静中，才可以体会到更宽广的世界。所谓"宁静"，并不是一切停止不动，而是内心没有声音，即使在热闹场中，心仍不为外境所动，这才是心灵的宁静。

第四，观照当能明心

佛陀说法，要观照众生的根性；商人售货，要观照消费者的需求；人想过得自在，要经常观照自我，观照自己是否妄想纷飞，观照自己是否宽以待人。观照力不够，就无法明白事情的真相，烦恼也就不得消除。所以，一个有智慧的人，要能观照出苦乐皆由分别心所造作，才能自我健全。

所谓养精蓄锐、蓄势待发；人们平时就要蓄养心性，养深积厚，储备好自身的能量，方得普世利人。

缺陷

佛教称这个世界为"娑婆世界"，意译是"堪忍、能忍"，指众生必须忍受各种烦恼，堪受许多苦恼。可见这世界本来就是有缺陷、有苦恼、需要忍耐的世界。所谓"人无千日好，花无百日红"，在有缺陷的世界里，若一定要寻求完美无缺，必定会觉得挫折与痛苦。如果能认识到我们就是在这个有缺陷的世界中，不断地求进步，不断地克服缺陷，超越缺陷，那才是真正了解生命的价值。在此提出世间的四种"缺陷"：

第一，天无全功

天并不是十全十美，比方我们祈望风平浪静，自然界偏偏有台风、飓风，且都带来莫大的损失。

我们不希望有地震，偏偏每隔一段时间，就传出地震的灾害。缺水的时候，天不下雨；不需要水了，偏偏阴雨不停，甚至洪水成灾。即使是老天，也没有办法符合我们的愿望。

第二，人无全能

有些人会说"神明全能"。如果神是全能的，这个世界就不会有这么多痛苦，请神明把不好的改变一下，不就好了吗？唐朝的元珪禅师曾说佛有三不能："能空一切相，成万法智，而不能即灭定业；佛能知群有性，穷亿劫事，而不能化导无缘；佛能度无量有情，而不能尽众生界。"佛都非全能了，神也无法全能，人更不能全能。

第三，物无全用

世界上所有的东西，没有一样东西能具足所有功用。再好用，再有用处的东西，还是会有它的限制。我们常说"一物克一物""强中更有强中手"，就是此意。因此，不要强求一物即具万用，但求物尽其用，也就足够了。

第四，心无全善

《大乘起信论》说："一心开二门"，每个人的心都有两面，一是"心真如门"，是善的，是佛性的部分；另一是"心生灭门"，是邪恶的，是凡夫生起贪嗔痴慢疑的那部分。修行，就是在善恶之间交战，不断地去除我们的恶念、恶事，使我们的心得到净化，让善美的佛性显现，直臻于至善。

这个世间是有"缺陷"的，可贵的是在缺陷中追求善美。许多伤残的人，残而不废；许多有缺陷的人，用自己的力量补足缺陷，战胜缺陷，那么，即使有缺陷，生命也是美丽的。世间本就存在着缺陷，能努力克服缺陷，便能显现生命的价值。

水的德行

日本历史上著名的大将军黑田孝高，因善于利用水作战，而被称为"如水"。他曾写过"水五则"，说明水有五个特点：一、自己活动，推动别人；二、不断探求方向；三、遇到障碍，发挥力量；四、自洁洁他，容清纳浊；五、百种变化，不失本性等。我们常说人有德性，其实自然山水也有德性，以下归纳水有四点德行：

第一，水的仁慈能沐浴众生，泽及万物

水的德行非常仁慈。你看，我们用水解渴，获得滋润；用水沐浴，获得净洁；以水灌溉花木，生生不息；以水熄去热恼，清凉欢喜。水的慈悲，泽及万物。

第二，水的义气能扬清激浊，荡涤污垢

水也显现它的义气。水有净化的作用，只要流过尘坋粗恶的地方，就能把肮脏、污垢去除。再脏的东西，一经过水的洗涤，马上就干净了。因此，水能助人，也能帮助万物净化。

第三，水的勇猛能柔而难犯，弱而克刚

水有柔软的性格，但也有勇猛的特性。你看，潺潺流水，流过村庄平地，温和而婉约。但是，所谓"滴水穿石"，再高的山，水都能

穿蚀而过；当它从高山一倾而泄，形成的瀑布，壮阔有力，美丽而壮观。乃至世界上最利的刀不是钢刀，而是水刀。因此，水看似柔弱，却能克刚；水看似依顺，却也勇猛刚毅不能侵犯。

第四，水的智慧能疏通江河，自成盈满

许多湖泊具有疏通江河，调节水势的功能。像洞庭湖，夏季洪水时期，湖面较大，冬季时，则湖面缩小，具有调节长江水量的作用。因此，水也具其智慧，太多、太少，互相调节，自成盈满。

此外，老子说："上善若水，水利万物而不争。"孔子也曾赞美水有五德：有德、有义、有道、有勇、有法，所以"君子遇水必观"。

因此，人也应该学习以上这四点水的德性，给世间仁慈，给世间义气，给人间勇猛，给人间智慧。

有骨气

气，代表一个人的气质、涵养。有的人容易生气，动不动便发脾气；有的人则充满侠气，与人交往讲究义气。一个容易意气用事的人，做事血气方刚，得意时便意气风发，不如意时便怒气冲天；反之，一个沉得住气的人，处世能心平气和，该维护正义时，又能正气凛然。做人要争气，不要生气，修行人讲究道气，做人则一定要有骨气。如何做个"有骨气"的人，有四点意见：

第一，身有傲骨，可杀而不可辱

一个人在自己的一生当中，有时候做人处事要带着这么几分的傲骨，但是不能傲慢。也就是要有自尊心，懂得自尊自重；这种有傲骨的人，所谓"士可杀而不可辱"，你可以杀死他，可以要他的命，但是你不能侮辱他，不能伤害他的尊严。

第二，身有奇骨，可畏而不可犯

有的人身有奇骨，这种人很特殊，你可以敬畏他，但不可以冒犯他。你尊重他，他可以为你卖命，甚至为你赴汤蹈火，他都心甘情愿；但是如果你看不起他，或是冒犯他，他可能跟你拼命。

第三，身有贞骨，可锻而不可销

有的人属于"三贞九烈"之士，这种人"忠贞不贰"。对于这样的人，你可以磨炼他、训练他；但是你不可以放弃他，不可以把他销毁，这种人是人间的至宝。

第四，身有道骨，可佩而不可怜

有一种人非常重视自我的尊严、自我的道德、自我的人格。这种人你可以佩服他，但不能可怜他。你佩服他，他可能成为你的好朋友；如果你可怜他，他可能从此与你形同陌路。

所以，世间的人，应该努力培养自己的气质，做人至少要讲究有一点骨气。有骨气的人，走到哪里，都能受人尊重，都会受人礼敬。如果没有骨气，无论走到哪里，都摆脱不了被奴役的性格，都不会受人尊重。因此，一个"有骨气"的人，自有其不同于一般人的人格特质。

廉洁的形象

"清正廉洁"是一个人最基本的操守，当你拥有了清廉正直的形象，就能得到他人的信任，不管到什么地方，都有人肯跟你合作，到处都能结交到朋友。做官者，不贪污不营私是清廉；经办公务，不中饱私囊，不拿回扣，是清廉；就业谋职，不假公济私，不以私害公，是清廉；经商往来，不损人益己，是清廉。略说"清廉的形象"四点如下：

第一，不假公济私

有些人做事公私不分，或假公济私，或贪取公物，或损失公益以求自利。不要以为这些小事，别人不会知道，纸包不住火，"若要人不知，除非己莫为"。一旦让他人发觉你假公济私，就会失去长官的信任、部下的尊重。莫为贪小利而丧失清廉的形象，得不偿失。

第二，不中饱私囊

私，是人性的弱点。有这么一个故事：有个小孩在学校偷了同学的圆珠笔，父亲知道后，立刻给儿子一记耳光："你怎么可以偷人家的笔呢？你要圆珠笔，爸爸可以从上班的地方拿一大包给你。"

这还都是个人私行，牵涉社会公共事务，尤其最怕的是"小人贪利，事本非常，所可恨者，银两中饱私囊"。所谓"人之惑，惑于私，除私则明"。去除私心，不自饱私囊，就是一个清廉者。

第三，不接受贿赂

在古代社会，仅有当官的人有机会接受贿赂；现代社会则连升斗小民都有机会接受贿赂。像某地选举时，神圣的一票竟有竞选人出钱助选。人家会贿赂我们，必定有所求、有所贪，我接受了贿赂，让公家受了损失，让法律受到挑战，这是划不来的。因此，清廉者不接受贿赂。

第四，不以乱官风

做官要有做官的风格，领导人要有领导人的风格，大人物就要有大人物的风格。《论语》说："君子之德，风，小人之德，草；草上之风，必偃。"如果在上位者乱失了风格，不能以德化民，以廉服众，国家社会、团体机关形象就会受到损害，其损失将难以估算，可说是最失德的事。因此，为官者，理应重"清廉"甚于生命。

佛教戒"杀盗淫妄酒"，什么是"不盗"？佛经说："清廉节用，就是不盗。"我们应净化自己，培养正直的人格，建立清正廉洁的形象。

俭之真义

节俭，一向是中国人崇尚的美德，小至个人，大至一国，如《曾文正公家训》云："居家之道，惟崇俭可以长久，处乱世尤以戒奢侈为要义。"节俭与我们息息相关，关于"俭的真义"，有四点意见提供：

第一，俭是穷人的财富

所谓"穿不穷，吃不穷，算盘不到一世穷"。人已穷，又不知节俭，更是穷上加穷。反之，经济上虽不富裕，但知道预算，知道节省，也会因节俭而致富。有一位员外的儿子生性奢华，每次到饭馆吃水饺，都只吃肉馅，而把饺子皮吐掉。后来家里遭祝融之灾，一夕之间，家产化为乌有，沦为乞丐。有一回，讨饭到这家饭馆时，老板用饺子皮招待他，员外的儿子甚为感动，老板却说："没什么，我只是把你当初扔掉的饺子皮，拣起来洗净晒干而已。"他听了十分惭愧，于是发奋图强，谨身节用，家道又因此殷富起来。

第二，俭是富人的智慧

西汉开国丞相萧何，受封食邑一万余户，权倾朝野，却仍居茅屋陋室，他以为，我子孙若贤良，可传我俭朴家风，倘若子孙不贤，房子再华丽，也终将被权贵倾夺；宋朝鲁宗道虽位居参知政事，然因家贫，家无日用器皿肴果来宴客，因而更受宋仁宗的器重。因此，人虽富有，若不知节俭，富贵也会随着潮水流走；若知节俭，节俭就是你的智慧，让你富贵，让你平安。

第三，俭是治国的功臣

《左传》云："民生在勤，勤则不匮。"力戒奢侈，生活俭朴不但是治家之本，也是机关团体永久经营，国家社会富强安乐的重要条件。今天的社会上某些人崇尚物欲，奢华过度，不懂得珍惜福报。殊不知福报是有定量的，就像财产有数量，你把福报、把金钱用完了，以后怎么办呢？因此，生活上克勤克俭，严谨奢靡，则家和国亦兴。

第四，俭是品格的根本

身为官员，懂得节俭，就不会贪污受贿；一个家庭，懂得节俭，就不至于奢侈浪费。春秋时鲁国大夫御孙曾说："俭，德之共也；侈，恶之大也。"司马光更以此教诫子孙："夫俭则寡欲，君子寡欲，则不役于物，可以直道而行。"无论任何人，若能以俭自许，品德自能高尚。

"戒奢以俭"是重要的观念与品德，不但是养生、致富的秘方，更是治家、富国必备的方针，所以，"俭的真义"，不可不知。

俭的功用

一般人都说要"节俭"，金钱要节俭，才能致富；时间要节俭，才能用很少的时间，做很多的事情；甚至感情也要节俭，不随便滥用感情，才会弥觉珍贵。因此，节俭金钱、节俭感情、节俭时间，都是很重要的。"俭"还有许多功用，简述如下：

第一，俭于听，可以养正

所谓"人言未必真，听言听三分"；有时候，我们要懂得分辨，应该听的，要谛听、善听、兼听、全听；不当听的，要俭于言听。例如不听是非，不听谗言，不听坏话。好比古人所言"耳聪者，听于未有声之时"，禅师说的听"只手之声"，你能听出真理来、听出真心来，诚正于心，那么，再也没有什么会混淆你的内心了。

第二，俭于视，可以养神

眼睛看时，当看者要注意看。例如道路指示标志，你留心看，就不必到处问人；他人说话，你专心注目，就是一种礼貌。有的时候不当看的，不但少看，更要不看，俭于阅视，省力养神，就可以避免看出麻烦来。会看的人，看好不看坏，看正不看邪，看是不看非，看出真善美，看出慈悲心，看出关怀情。所谓"明者视于无形"，能看出形外，看出真相，那就是真看了。

第三，俭于言，可以养气

说话是一门学问，应该说的，即使对自己不利，对社会国家大众有利益者，还是应该勇于直言。反之，不当的言论，就不能随便发言。所谓"病从口入，祸从口出"，说错了，可能赔了夫人又折兵，难以弥补，或又惹上官司，那真是得不偿失了。因此，话多不如话少，话少不如话好，俭于言，正好可以养气。

第四，俭于思，可以养真

顺治皇帝曾言："悲欢离合多劳虑，何日清闲谁得知？"人的忧悲苦恼，大都起于太多的思虑分别拣择，不肯轻松放下。如果，想拥有内心的清闲自在，就要俭于思。你不随便妄想，简化思虑，单纯以对，就可以养自己一片真诚直心。

日日俭约，可以积谷；年年防俭，必有储粮。俭如聚宝盆，俭如净化器，这四点俭的功用，可以作为我们人生的参考。

挺胸的意味

从小，在家庭里，父母会教我们走路要抬头挺胸，不可弯腰驼背；在学校里，老师会要求我们挺起胸膛，大步向前；长大以后，在军队里面，首长更是要求士兵要昂首挺胸。

"挺胸"意味着精神饱满，情绪振奋。例如我们形容参加军歌比赛的士兵个个昂首挺胸，引吭高歌。航空公司的空姐、空哥个个昂首挺胸，表现出他们为人服务的风仪与气质。

在佛教里，也非常注重挺胸的意义，所谓行、立、坐、卧四威仪，"行如风、立如松、坐如钟、卧如弓"。立如松就是意味昂首向前，直背挺胸，不但表达自己的精神，也表示对人的礼貌。

但是，"挺胸的意味"在全世界各个国家地区的意义，又有不同的表现方式：

第一，美国人的挺胸是健康

我们看到美国人走在街上，或在沙滩上晒太阳，乃至在机场赶飞机，他们都是身体笔直，挺胸健步。从他们挺胸走路的步伐，可以看得出来美国人很重视健康。

第二,英国人的挺胸是矜持

英国的绅士、淑女,不苟言笑,注重风度仪表,他们以挺胸矜持来表示身份和地位,所以英国人的挺胸是矜持。

第三,德国人的挺胸是自信

德国的科技非常发达进步,德国人走在街上,从眉宇之间,从挺胸的姿态,可以看得出来德国人很有自信,很能自我肯定。

第四,中国人的挺胸是风骨

中国的读书人,即使是年老的夫子,不论他是自处,还是在学生的面前走路,或是入朝为官,向皇帝奏明国家大事,他都是挺起胸膛,昂昂乎! 巍巍乎! 这是他以挺胸表示他是有风骨的人,是有品德有骨气的人。

即使是文人士子,有时候生病,他在你前面走路,仍然要挺起胸膛,为什么? 因为他不愿意把病夫的样子、慵懒的样子给你看到,这亦是显示他的风骨和人格。

挺胸的意义,因为民族性的不同,在各个国家都有不同的表现意味。以上有四种挺胸的含义,不知,你是哪一种挺胸呢!

卷二 ｜ **处众**

观察别人的言行，
可以从中观照、了解自己，
作为自己修养的借镜。

决策指南

社团之中，最高领导人也被称为决策者；家庭里，一家之长也是一个决策者。

企业、团体，都会有一位决策者，什么样的人才可以担任决策者呢？提供四点参考：

第一，要客观诸缘

做一个决策者要有因缘的观念。有了因缘观，所谓"横遍十方，竖穷三际"，对前后因果，左右关系，有了全方位的了解，就能客观判断、面面俱到。倘若疏忽一面，事情就会处理得不够圆满。尤其决策者不能主观行事，因为过度主观，容易丧失看待事情的广度，失去正确的判断。

第二，要理性分析

一个失去理性分析能力的领导人，往往无法作出正确的决策，因为处于非理性状态下，混乱充塞身心，如何能将事情透彻厘清？唯有时常保持理性的头脑、心智，才能看清事情的真相，并进一步分析事情的利弊得失，把各种关系、环节作有系统的衡量，取其要者，取其利者，而后作出决策，如此才有助于事情的进行与发展。

第三，要不落情绪

决策者最忌情绪化，如顽强、固执、自大，不管别人欢喜与否，只凭自己的情绪来作决策。古时有个男宠弥子瑕受到国王极大的宠爱，当时有个规矩，任何人坐国王的座车，都会受到惩处。有一回，弥子瑕乘坐国王的车子回家探望生病的母亲，传入国王的耳中，国王赞叹说："这是他孝顺的表现。"后来弥子瑕失去宠爱，国王当着大臣骂道："弥子瑕太可恶，竟然偷偷乘坐我的车子，真是罪大恶极。"如此一褒一贬，无一定准则，只是个人的感情用事，往往会失去客观而作出错误的决策，故要时时谨慎，自我提醒，不要落入情绪的迷雾之中。

第四，要主动积极

做一个决策者，不能犹豫因循，不能迷糊了事，凡事应主动、积极。尤其作决策时，假如没有魄力、没有勇敢、没有担当，众人也会无所适从，难以奉行。因此，培养主动积极作出决策的能力，是一位决策者必须学习的。

无论企业、学校乃至家庭，决策者的一言一行、一举一动，关乎大众的福祉，关乎团体的运行，不可不慎。

无为之德

在佛法里有所谓"世间法"与"出世间法"，世间法又叫有为法，出世间法就叫无为法。甚至于道家的修炼，也讲究"清净无为"。"无为"有时候对于我们的人格修养是很重要的。所谓"无为之德"，无为的德行到底是什么？有四点说明：

第一，优秀的人不逞强

一个优秀的人才，在群众里面不会争强好胜，不会一再表现自己；他懂得韬光养晦，懂得养深积厚，更懂得留给别人空间，所以平时行事低调，甚至让人觉得他非常保守、非常谦让，这是真正有内涵的人，也才是真正优秀的人。

第二，善战的人不受诱

一个勇敢善战的将军，他有攻有守，不容易受敌人计诱；反之，好逞匹夫之勇的人容易上当，容易受敌人引诱，因为他总是好大喜功，冒险前进，因而被包围，被引入陷阱。

第三，常胜的人不自夸

一个经常在竞赛场中获胜的人，例如现在体坛上许多奥运会的冠、亚军，或是经常参加各种比赛的优胜者；他愈是得胜，愈是谦让，他不会炫耀自己，不会自夸，甚至败在他手下的人，他都会谦虚地和对方握手，向对方表示友好，所以，常胜的人不自夸。

第四，能巧的人不相较

懂得灵巧的人，他和人相处，不会锋芒毕露，不会争着出头；他凡事看在眼里，何时该进，何时应退，都能了然于心，因此不会针锋相对地和你比较、计较。反之，不懂灵巧的人，时时想要争先，处处想要当头，但因自己不够灵巧，因此经常和人争功诿过，如此反而更加显露自己的愚昧与笨拙。

无为之德，有时候看起来像是不着力、不介意，但是这种"无所为而为"的处世艺术，有时候却很管用！

天地之德

《礼记》云："天地之道，博也，厚也，高也，明也，悠也，久也。"宇宙天地，自有其规则，天有天道，地有地道，人有人道。人类生存于天地之间，要感谢天地赐予的一切，更应该尽力维护这个大环境，以回馈天地之德。

第一，感恩天地，覆我载我

战国时魏武侯乘船游黄河，赞叹："江山很美，有险峻屏障，魏国何等坚固。"同行的吴起说："山河天险，固然能保佑国家，但是还需要国君的德行，如夏桀、商纣虽有巩固疆土，没有道德，只有亡国。"所以，天地覆我载我，我们更应该修养道德，为后代万世做更多的好事。

第二，感恩天地，育我养我

上苍有好生之德，大自然生长万物，供给人们日常所需。而空气、大地、植物、动物，彼此之间，皆是物物相连，息息相关，随地砍一棵树，都会影响整个生态环境。万物相互供应，此有故彼有，此生故彼生，彼此相互消长，怎能不尊重生命，感恩天地的养育之德呢？

第三，感恩天地，容我爱我

虚空含藏万物，无论是净、浊、美、丑，天地都不曾选择嫌弃。天地之间，就属人类耗用最多的资源，也破坏最多的自然景观。人类过多的贪婪自私，终于让大自然反扑，海啸、地震、飓风、洪水……种种天灾的警讯，都在提醒我们，不能再一味地予取予求，当记取并珍惜天地无私包容的大爱。

第四，感恩天地，生我长我

庄子云："夫大块载我以形，劳我以生，佚我以老，息我以死。"我们生于天地之间，最后也回归于天地，应知生活上的所有，都是天地所赐。所谓"一粥一饭，当思来处不易；一丝一缕，恒念物力维艰"，一饮一食，一物一用，都应惜福感恩。

人类、万物，生于天地，长于天地，用于天地。大地是生命之母，虚空是有情之父，所有生命都有赖于天地之德，才得以生存与生活。

上下之选

语云："上隐隐于市，中隐隐于朝，下隐隐于林。"真正的修行，是能于热闹场中做道场的人。在一般情况下，上等人能为天下百姓服务，中等人愿为知己奉献，下等人只知为一己钻营。所以如果把人分成等级，上下之选的标准有四点：

第一，上上者，为人民之仆

上等人，他可以做人民的公仆，无论自己的身份地位有多高，都是本着为民服务的心，诚恳、踏实地在做，而不会以权势来压人，这种人最符合人民的要求。尤其现在是民主社会，讲究以民为贵、以民为主，能够尊重全体人民大众，必定是一个上等的贤明之人。

第二，上中者，为国家之仆

这种人也是属于上等人，他忠于国家，凡有所做，都能以国家的安全利益为重。他日夜为国家牺牲奉献，为社会人民服务，能有这样的用心，是为国家之仆，属于上中者。

第三，下中者，为名位之仆

这是下等人，他的人生只有自己，每天只为自己的名、自己的利、自己的地位而忙，这种人甘为名位之仆，是属于下中者。

第四，下下者，为私利之仆

这是最下下等的人，他的心中所思所想，完全只有个人的利益，根本没有国家社会，也没有人民大众。这种私利之仆，最为人所唾弃，是属于下下等的人。

一个人的身份高贵与否？不在于地位高低、权势大小，而是看他的言行、德性能否服人。今天的社会，对于居高位的人，我们不一定看他的官位很高，主要是看他的思想、言行，如果能尊敬人民，那是上等人；能热爱国家，是上中者；汲汲于自己名位的，是下等人；如果只为自己的私利而计较、权谋，那就是下下等了。所以我们每一个人，尤其是公务员，或是担任公职的领导等，大众应该自我衡量一下，以上四等人，你是属于哪一等呢？

居下之学

一般人都喜欢位高势大，可以受到他人的礼遇和尊重。其实树大招风，名大招忌，不如学习古德居下之学，获益更多。清朝的曾国藩，以位高权重，门生故吏遍天下，却在平定太平军后，自裁湘军，远离权势。他曾说："君子有高世独立之志，而不让人轻易看出来；有退避三军的气概，却不轻易显示出来。"这些都能显示他的居下之心。居下之学有哪些呢？

第一，不自我表扬，反能显明

有些人欢喜自我宣传自己如何有学问、如何有能力、如何有人缘。其实自己的学问道德能力，不一定要自我表扬，只要你一开口，人家就知道你有没有。你不自我表扬，别人反而会注意到你。因此，不如学习古德"君子虽有盛德，容貌看似愚夫"。反而更能彰显出谦虚的美德。

第二，不自以为是，易受肯定

禅宗六祖惠能大师自称不识字，其实是他的谦虚德性，类似现在人谦称自己是"胸无点墨之人"的说法。这也是勉励有智慧的人，要"大智若愚"。因此，一个人不要自以为所见、所为，都是对的。自以为是，只会让你失去很多的助缘。如果能不自满、不自是，不自我宣传，他人反而更能肯定你，更能显出你为人随众随缘。

第三，不自我夸耀，却能见功

一个人在团体里，如果经常夸耀自己的功劳，不断炫耀自己的贡献，过分标榜个人，不但不能获得领导的欣赏，有时还会因故而不能升迁，这都是不懂得"功成不居"。所以有些人仕途坎坷、前途艰难，也就不难理解了。《道德经》说："生而不有，为而不恃，功成而不居。"佛教也认为一切都是因缘所生法，若有成就，个人也只是众缘之一。所以，不自夸，别人反而容易看到你的功劳。

第四，不自我坚持，而能长久

一个人不要太自我坚持、自我标榜。而是要多尊重别人的意见，多从善如流，那么你的人格必为人所尊，事业必能获得别人长久地支持。

不耻下问，所以学问有成；放下身段，所以心更柔软；礼贤下士，仁人义士才会集聚而来；虚心下气，德风自会远播。居下之学，大有内涵！

轻重的顺位

事有轻重缓急，人有先来后到，一切都有顺位，有顺位才能按部就班。就如人生的生涯规划，也要按照轻重顺序，设定短程、中程、长程计划，才能逐步实现。乃至人生的目标，懂得权衡轻重，知所抉择，才能创造生命的价值。兹有四点意见提供参考：

第一，积财不如积学

《汉书》有云："遗子黄金满籯，不如一经。"无独有偶，根据调查，西方国家多数的慈善家认为，辛勤工作和创业经历，才是每个人的宝贵财富。留给子孙太多的遗产，只有助长他们不思进取；因为千金总有散尽的时候，只有学问知识是恒长、真实的财富，所以说"积财不如积学"。

第二，求名难比求道

功成名就，自古以来即为人们所追求。然而，你求名，可能反被名的枷锁所困住；你追利，可能反被利的诱惑所束缚。所谓"孔雀虽有色严身，不如鸿鹄能高飞；世人虽有富贵力，不如学道功德深"。丹霞禅师因为一句"选官不如选佛"，放弃进京赶考，成就永恒的道业；庞蕴居士一家人的洒脱放下，更是令人欣羡。比起求道人的安然怡悦，名利富贵犹如枷锁，总不如有道者能洒脱自在。

第三，爱己更要爱人

谚云：“人不为己，天诛地灭。”可见得人都是爱自己甚于爱他人，而且愈是与自己关系密切的人，爱得愈多。例如爱自己的亲人甚于爱朋友，爱自己的同事甚于爱不相识的人，爱自己的国人甚于爱外族。所以，愈靠近自己的人，愈有爱执。我们要增加修养，必须放宽胸怀，要爱世人犹如自己，则世界物我一如、自他一体，人生自当更臻于圆满。

第四，护位更应护众

在一个团体里，每个人各安其位，才能发挥角色功能，但在保固其位的同时，更要周顾大众。像在棒球场上，有时投手得补垒手位置，才能接球封杀；在篮球场上，身为中锋要能攻能守，才能成为队中枢纽。再看历史上，王莽篡位，人心思汉，因为失去大众的拥护，最后王位不保；孙中山为了民主，虽把总统的宝座让给袁世凯，却反而获得全国人民的爱戴。所以，不管身为领袖，或是为人主管，都需要大众的护持，才能保全其位。

总说以上四点，钱财、名位固然值得追求，但是学问、道德更加重要。尤其一个人的心中要有大众，生命的境界才会更宽阔，所以“轻重的顺位”值得我们参考。

调适有度

做任何事情，过犹不及都不好，唯有适度才能为生活带来平静，好比偶尔下雨可以滋润大地，雨水太多则泛滥成灾。生活要"调适有度"，六点意见提供参考：

第一，饮食不逾量需适当

饮食适量能提供人体所需的营养、补充消耗的能量，但是饮食逾量对身体却是一种负担，可能导致肥胖症及心血管疾病的发生，影响生活作息及工作态度。《管子》曰："饮食节，则身利而寿命益；饮食不节，则形累而寿命损。"饮食要知节量，才能常保身体轻安、愉悦。

第二，欲念不放纵要节约

人类为了生存，会有求知、求新、求好、求美的欲念，没有欲念等同活死人，终日无所事事、糊里糊涂。但欲念不能放纵，举凡年轻人逞一时之快，飚车追逐，与生命安全开玩笑；有人为了贪图便宜，不择手段，终致名誉扫地。因此，欲念要发乎于内心的善良，不能伤害人。

第三，脾气不乱发应平和

有的人遇到不欢喜的事，不是埋怨责怪，就是大发雷霆，其实发脾气不但于事无补，更可能坏了好事。好发脾气，人家不愿意接近你，你便失去人缘；发了脾气，惹得自己心绪不稳，问题则无从客观解决，所以脾气要慢半拍，尤其不能乱发脾气。

第四，操劳不过度会健康

一个人即使工作再忙，也要作适度的身心调节。有的人做事埋头苦干，连吃饭时间也不放过，日子久了，身体便因无法负担而百病丛生。其实，事情有轻重缓急，只要规划得宜，则能悠游于工作中，效率不减反增，但健康一旦失去，想好好做事，则心有余而力不足，得不偿失！

第五，紧张不畏惧用定力

每个人都有过紧张的经验，比方第一次上台面对大众、第一次尝试新工作、代表学校参加各项比赛等，紧张是难免的，但是有的人却因为过度紧张而造成恐惧，心慌意乱，忙乱了手脚，使得目标无法达成。为了克服紧张恐惧，唯有运用定力才能稳住情绪，心情落差减少，则临事不乱。

第六，思虑不散乱能善思

军队没有纪律，则国家安全堪虞；团体没有纲纪，则失去团队精神；人如果思绪纷飞，做事则纰漏百出。佛陀说："制心一处，无事不办"，养成思虑不散乱的习惯，思考要缜密，做事自然条理分明，事情的结果也就越臻圆满。

如何高广明大

大凡人总会想到，自己的生命如何提高一点？如何扩大一点？如何拥有多一点？其实要高、要大、要有，是必须要有条件的。如何高广明大？提供以下四点意见：

第一，上天称其高，无有不覆

天很高，没有东西比天更高、更大的了。举目世间，哪一样东西不覆在它之下？天所以能无有不覆，就是在其高、在能大，给予万物庇荫。而我们人也要高吗？也要大吗？我们可以用什么样的恩惠来覆荫大众？能用什么样的德泽来利益大众？你能给人欢喜、给人希望、给人因缘，才能像天一样护覆众生。

第二，大地称其广，无有不载

古人形容山是"及其广大，草木生之，禽兽居之，宝藏兴焉"。扩而大之，大地也是一样。你看，这大地普载万物，生长万物，给予人多少的生机。假如大地没有生长万物，我们吃什么？大地不普载我们，我们立足何处？所以，我们要想广大，能普载众生吗？我们可以想一想，生产什么来成就众生，用什么力量来承载众生。

第三，日月称其明，无有不照

有云：“日月称其明，无有不照。”天上的太阳、月亮，它的光明照耀万方，只要不起乌云遮蔽，日月无私，它不会照你、照我，而不照他。佛教里也常常讲“佛光普照三千界”，只要你合乎条件，不起无明、邪知邪见，内心就会豁然清净，远离忧悲苦恼。

第四，江海称其大，无有不容

江河长远，大海无边，是大鱼，能畅游，是小虾，也能生存，在这里面，它什么都能容。所以，你若能包容一切众生，你的心，也能像大海一样广大无边。所谓“心如大海无边际”，如同江海一样，蕴藏无限能量，二六时中，随喜说好话，随手能服务，随处结善缘，随时存好心，人间就会很美好。

许多人欢喜出钱做好事，比出钱高一点的是出力，比出力再高一点是出好话、出好口、出好心；也有许多人一生汲汲营求，希望金银财宝再多一点，达官厚禄再高一点；可是，有形有限的物质，总有吃光用空的时候，高官富贾做得再得意、再发达，也总有去职退隐的时候，不如一句佛法来得受用无穷。人生如何高广明大起来？有以上四点。

化繁为简

聪明的人做事，将事情单纯化，所以增加效能；愚笨的人做事，却把事情复杂化，只有事倍功半。繁也不是不好，有时为了表示慎重，有时是表示繁荣茂盛，但繁也有它的缺失，尤其在 21 世纪的时代，最好"化繁为简"，以下有四点意见提供：

第一，礼繁难行

过去的时代，臣子对君主要三跪九叩，对权贵者俯首跪拜，结婚有"六礼"，往来有"五礼"，实在让人感觉繁文缛节太多，使人不自在，不但不容易做到，甚至会反感，最后只有窒碍难行。所谓"欠礼为过、中礼为乐、多礼为奢"，礼节自然、大方、得体，受礼者受之无愧，行礼者行之无卑，适当的礼仪最好。

第二，法繁易犯

法律太复杂，多如牛毛，让人无所适从，甚至记不得，反而容易犯戒。好比国家制定太过庞杂的法令，束缚得大家不能动弹，干脆就不遵守。尤其太多法规相互牵制，造成行政效率降低，不但没有保护守法的百姓，还让有心人士钻法律漏洞，所谓"上有政策，下有对策"，总想侥幸逃避。法是准则，它要因应时代，与时俱进，才能让人在日常生活中，自然守法，应用自如。

第三，言繁多失

一个真正能言之人，必定掌握慎言、寡言、时而后言的要则，懂得见机而说、言简意赅。所谓"多门之室生风，多言之人生祸"，不必说而多说，易传为是非，该说而未说，易产生误会。因此要言之有物，以免徒逞口舌，浪费自己和别人的时间，不仅招怨，也容易生出事端来。

第四，事繁人躁

现代人常常抱怨时间不够用，一旦事情多，人就容易心急气躁。说话，几个人一起讲，不晓得听谁的；事情，几件事一起来，不晓得先从哪里处理。因此，无论做什么，都要简单一些，不要繁复、不要重叠，一样一样来，才能有条不紊地将情绪管理好，将事情处理好，才能悠游工作中，增加效率。

人生短暂，工作的时间有限，精神、体力、智慧更有限，如何在我们的事业、生活里面化繁为简，这是每一个人都必须要学习的。

宁可与不可

我们每一个人总要有一个轻重权衡。比如圣人有"宁可守道贫贱而死，不可无道富贵而生"的志节，道人有"宁可受人欺骗，不可自欺欺人"的修养，而在日常一般生活中，也有"宁可吃亏，不可结怨"的处世哲学，这些都是我们进德修业的指南。人生中的价值权衡，还有哪些"宁可"与"不可"呢？有以下四点：

第一，宁可以无钱财，不可以无慈悲

有一句话说："钱有限，心无穷。"没有钱，我可以少用一点，没有心、没有慈悲，就没有了宝藏，没有了发心，没有了道德。慈悲，能化干戈为玉帛，消怨怼于无形；慈悲，能结善缘转逆境，化暴戾趋祥和。它是个人立身处世的根本，是家庭幸福美满的动力，是社会安和乐利的基石。所以说，宁可以无钱财，也不可以失去慈悲心。

第二，宁可以无宗亲，不可以无职业

人生在世，有宗亲贵族的提携当然最好，但是没有亲朋好友，也不要紧。所谓"靠山会倒，靠人会老，只有靠自己最好"。你有一份正当的职业，不游手好闲，自己有实力、有正业，就不怕没有贵人相助，这才是最重要的。

第三，宁可以无力量，不可以无健康

人不只是活着，而且要活得健康。有的人手无缚鸡之力，做事、说话都没有力量。没有力量倒还不严重，身体不能不健康。梦窗国师说得好："无病第一利。"你要照顾身体健康，倘若自己不照顾好，不只是个人麻烦，你的亲朋好友都会跟着受罪。因此说，人生最大的福报，莫如无病健康。

第四，宁可以无朋友，不可以无希望

朋友很重要，但是在某些时候，宁可以没有朋友，也不可以没有希望。因为一个人在世，没有朋友，还可以再结交，最可怜的就是没有希望。所谓"哀莫大于心死"，对前途没有希望，对世间没有希望，这是最大的悲哀。因此，自己要有信心、希望，希望可以去除恐惧，去除无知，人生就有未来，就有光明。

佛教讲"宁可持戒不圆满，不可破见失道心"，因为破戒是个人行为的过失；破见则是根本思想的偏邪。又说"宁可起有见如妙高山，也不可起空见如芥子许"，你有见，有这个、有那个还好，如果执着无、执着空，生起断灭空见，那是很危险的。因此，"宁可"与"不可"之间，必须要有正见。

大小难易

日常小事能尽责，可以养深积厚；重要大事肯尽力，容易功成名就。不畏惧艰难困苦，勇于承担的人，成长进步快，良机也会自动找上门。事情有轻重缓急、大小难易，在此提供四点意见：

第一，事大，要有宏观的看法

事情大，影响也大，所以不能只贪图眼前的利益，要看未来的愿景，例如为了提升国家地位，必须有国际宏观，如何进行？首先要重视教育，培养各种人才，并发展经济，提升国民生活和文化的水平，国家才会有稳健长远的发展，也才能立足世界。

第二，事小，要有谨慎的态度

生活小事，常是家庭口角的主因，日久月深，恐酿成家庭悲剧；公司小事，通常是例行公事，积弊良久，恐怕纲纪难振。俗语说"小错成大过"，也许漏接一通电话，使公司做不成一笔大生意，而损失惨重。事情不在大与小的分别，而在态度的严谨与否；即使是小事，也要谨慎行事。

第三，事难，要有勇敢的精神

俗云"天下无难事，只怕有心人"，又说"有志者事竟成"，事情不怕艰难，就怕半途而废。过去孟母断机杼，战国的乐羊妻子断丝线，是为了激励孟子、乐羊学习要有恒心。再困难的事情，只要勇敢面对，不怕艰辛，有愚公移山之志，有囊萤照书之勤，还怕没有成功的一天吗？

第四，事易，要有珍惜的心情

事情容易完成，必定是有好因好缘，比如房产商卖房子，必须先有良好的土地，优秀的工程师，诚实的营造商，卖力的工头，高雅的装潢等种种因缘的配合，才能有让顾客满意的房子，才能让交易顺利圆满。可见凡事不论难易，都是许多人的努力，所以要心存感恩，珍惜因缘。

只为自己着想者不会大，能替别人着想者不会小。无能的人，光在小事上计较，不在做事上认真，容易事也难成；能干的人，对事情全力以赴，不在情绪上计较，难题也会轻易化解。

大的真义

举世之人大概都喜欢"大"，大文豪，经典传世；大丈夫，气概冲天；大英雄武功盖世；大学者，博学多才；做人想做"大人物"，平头大脸；做事想做"大事业"，鸿图大展，乃至很多人希望自己是个大智慧者、大慈悲者、大能力者、大功德者。可是，什么才算是真正的"大"呢？以下提供四个"大的真义"：

第一，大智若愚

拥有大智慧的人，深藏不露，表面上看起来平庸，其实他不露锋芒，故不会遭人忌妒。一旦面临判断或抉择，敏锐行事、精准无比、面面俱到。高贵者，他重视道德人格，不需等待别人加诸头衔，才算尊贵；真仁者，他不需刻意标榜自己，只要务实求全，他人自然尊重。真正大智慧者，又岂需矫情表现？

第二，大器晚成

种一年的树木，砍下来只能当柴烧；三年的树木，只能砍来做板凳；十年以上的树木才能做栋梁。强摘的果实，青涩酸苦，不能入口；赶工的活儿，未经琢磨，粗糙不美；腌渍的食物，需假以时日浸泡，才有可口的风味；丰厚的学识，也要靠时间与经历的酝酿始得养成。所谓："大器晚成，大方无隅"；因此，在能力尚未具足之前，要懂得韬光养晦。

第三，大富若贫

真正富有的人，虽富贵而不骄纵，虽自信而不狂妄。他们平和严谨、崇勤尚俭、朴素清贫淡泊的生活态度，让他们更坚定意志创造事业，这些善性循环，像滚雪球般，富者愈富，尊者更贵。所以，"富而能俭，其富必久，富而不俭，其富难常"。这是大富若贫的智慧。

第四，大事小声

一位有才干的军师，"运筹于帷幄之中，决胜于千里之外"，他宁静心志，幕后谋略，不必亲自到前线摇旗呐喊，才能赢得胜利。会做事的人，大处着眼，小处着手，他注重冷静分析、精确判断、勤快实践，不必大声喧嚷。过度宣传，大肆喧嚷，往往成事不足，败事有余，落得雷声大雨点小的后果。所以炮声隆隆的大响，吓坏了新兵，而老将无惧，声嘶怒吼，能逞威于部下，实在无恐于他人。

老子说，大器晚成，大音希声，大象无形。佛教也说：大慈同体，大悲平等；千万不可"大惑者终身不解，大愚者终身不灵"，这就不好了。这四点"大的真义"，让大家参考。

"大"之极

佛教对发菩提心度众生的菩萨行者称为"大人"；袁世凯自称为"大总统"，事业成功的人被称为"大老板"；小学生在作文簿上写下将来要成为"大人物"。每一个人都希望自己能"伟大"，但是，什么才真正称为"大"呢？有四点看法：

第一，大勇不斗

有些年轻人，动不动就持武器械斗解决问题。孔子云："血气方刚，戒之在斗。"真正的勇者，不是逞匹夫之勇，一味蛮干到底，而是面临困境时能够冷静思考、谋划周全，将勇气化为智慧的力量。如空城计中，诸葛亮靠智慧谋略，不损一兵一卒智退司马懿十五万大军。因此做人处世要能养成和平、不好跟人争强斗胜、不计较私己得失的性格，才能成为真正的大勇之人。

第二，大兵不寇

纪律严明，骁勇善战是军人必备的武德。宋朝岳家军，士兵宁可忍饥不敢扰民，托宿街市商店，黎明即起，为百姓打扫门宇、洗涤炊具，留下"冻死不拆屋，饿死不掳掠"的美名；台湾 1999 年"9·21"大地震，军方投入大批人力物资救灾，获得民众好评。一支优秀的正规军队，不会像草寇一般扰民掠财，所谓"军爱民，民拥军"，如此全国的军民才能上下一心，国强民安。

第三，大智不愚

俗言："大气不拙，大智不愚。"大智若愚，固然是一种境界，但真正的智者，除了不生骄慢外，更不会恃才败德，做一些愚痴不正见的事情。有些人绝顶聪明，但没有透彻的深思，不能明白因果本末，又缺乏道德意识，很容易聪明反被聪明误，如同现今社会上许多"智能型"的犯案者，就是将聪明用错了地方，世智辩聪的结果，伤人害己，毁了一生光明的前景。

第四，大仁不私

一个有仁德之人，凡事不会只逞一己之私，一切能以国家、大众为重，只是想到如何护念众生。例如，周公一饭三吐哺，一心为国家广招贤能；林觉民为推翻腐败政权，不惜与钟爱的妻子诀别；英业达集团副总温世仁发起"千乡万才计划"，设立"网络城乡中心"，为培养人才，改善贫困而鞠躬尽瘁，他们都是大仁不私的典范。

《佛光菜根谭》云："一个人的心量有多大，就能成就多少事业。"佛陀胸怀法界，成为人天师范而被尊为"大雄"；海基会前董事长辜振甫，对产业和社会发展倾力付出，其无私的关怀与诚信的人格，为后世留下"大德"的典范。因此，一个人不能只重视个人私我，你不能扩大眼光、胸襟，自然无法成就磅礴大气了。

极之后

　　"极"是极端、极点，人尤其常常陷在极端的情绪里，好比愤怒至极、烦恼至极、悲伤至极……等等。《易经》里说："剥极必复"，意指恶劣的情况到达极点后，必定转好；而所谓"物极必反"，极盛之后，也会是衰的开始。因此，无论苦乐盛衰，极之后是什么呢？我们对于"极"应该有什么样的看法呢？以下四点：

第一，苦极必须忍耐

　　人世间，我们会遇到物质上的不足，事业、学业上的辛劳，人事上的协调，金钱上的短缺，爱情上的辛酸，甚至生活上遭遇的各种境界，都令人感到好苦。苦到极点怎么办？有的人苦到想不通，选择逃课、逃跑、逃亡，甚至自杀了断。苦到极点时，逃避是都没有用的，这时候必须要忍耐。忍是力量，忍是知苦，忍能处理，忍能化解，苦极之后，你能安忍，就会有另外的转机。

第二，忧极必须释怀

　　有时候，我们会忧伤到极点，会挂念到极点，因为太过忧伤，一直惦记在心中，无法放下，吃不下饭，睡不着觉，这不仅于事无补，也是很划不来的。你忧伤，有用吗？你忧伤，就能解决吗？倘若忧伤能解决问题，倒也还好，若不能解决，就必须释怀，另外用智慧、用方法来面对，找出解决之道。

第三，喜极不可失态

遇到喜事，好比"股票涨价了""中奖了""得第一名了"，甚至运动场上，获金牌、获银牌，这固然是很令人欢喜，但是不能太过狂欢。有人过于兴奋、情绪无力负担而晕倒，也有人喜极而言行失控。所谓："德不足，力有余，过盛必衰。"太喜而沉不住气，让人觉得轻浮，太喜而言行失态，也会给人看不起。因此，喜极不可失态。

第四，乐极不可生悲

人生祸福无常，凡事都要适可而止，以免欢乐过度，招致悲惨的后果。有人主张人生要"纵欲"，这种快乐是不实在的，纵欲的结果，跟随而来的就是身心交瘁、人格堕落，所以说"乐极"必"生悲"，这是不究竟的。

人生有苦有乐，太苦了，要提起内心的快乐；太乐了，也要明白苦的真相。过于热烘烘的快乐，乐极生悲；太过冷冰冰的痛苦，苦得无味，最好是过不苦不乐的中道生活。这四点"极之后"，是平衡人生的四个方法。

镜子

　　执法严明，判案公正者，我们称赞他"秦镜高悬"；心地纯正，明察事理者，我们形容他"虚堂悬镜"；以别人的行为来警戒自心，我们称之为"镜戒"。"镜"有映照、典范、警惕之义；在中国人的眼里，"镜"有一种清净、明朗、湛然、光可鉴人的含义。别人是我们的一面镜子，可以反映自己的优缺好坏。观察别人的言行，可以从中观照、了解自己，作为自己修养的借鉴：

第一，整肃仪容以镜为鉴

　　仪容整齐、端庄，是一种礼貌，让人有舒服的感受。要知道自己的仪容是否端庄美好，是整肃或紊乱，必须透过镜子的映照。在镜子面前，我们的形貌一览无遗，清晰可见。通过镜子整衣束装，能显现自己最好的一面。

第二，鉴赏山河以水为镜

　　水是山的镜子，可以映照出山的容颜，山的壮丽。虽说山河大地美如诗画，不过，光有山没有水仍嫌不足，水中倒影映出的山岩、绿树、云朵，更具缥缈幽远的意境。所以以水为镜，可以鉴赏山河的瑰丽与壮阔。

第三，端庄民心以德为镜

世间人形形色色，每个人都各自有着不同的想法、个性、观念，究竟是好是坏、是优是劣，有时无法从表面看出，必须透过道德的镜子来彰显。行为合乎道德的人，便拥有美丽庄严的心。所谓"种树者培其根，种德者养其心"。要鉴别一个人是否品德端庄，有时不完全从外表、衣着、行动去评判，应该以道德的镜子为标准。

第四，陶铸圣贤以心为镜

所谓圣贤，如何论定？可凭其心来映照，他有般若心吗？他有慈悲心吗？他有忠义心吗？他有仁德心吗？历史上，岳飞有忠义之心，故成为民族英雄；文天祥有"人生自古谁无死，留取丹心照汗青"的忠肝义胆，为世人缅怀千古；范仲淹心存"先天下之忧而忧，后天下之乐而乐"而留得一世英名。古来圣贤为世人留下值得学习、效法的典范，我们观其心，也要见贤思齐，以其心为镜，来陶铸自己向善向上之心。

"人目短于自见，故借镜以观形"。诚然，借镜可以作为了解、修正、改进、反省自己的依据，让身心桶底脱落，彻见本来，也应自许做一面镜子，光鉴照物，成为别人的模范。

外境的价值

我们一个人出生在这世间，生活周围一定有很多的人、很多的事、团体，都能影响我们。这些外境会有阻碍的，但也会有成熟心志的，条件的好坏并不重要，重点是我们如何运用，转化成为自身成长的力量。外境有何价值？以下四点提供参考：

第一，时间会帮助我们的成长

现代人事事讲究速成，不耐烦。所谓"日计不足，月计有余"。不经养深积厚、韬光养晦的功夫，人生想要有所成就，实在难矣哉。但是如果你做什么事，不是只做 3 天、5 天；做好人好事也不是 3 年、5 年，而是 10 年、20 年，有恒心地做下去，好比做了某一个会的会员 20 年、30 年；在某个团体当义工，服务了 20 年、30 年，能够有耐心、有毅力地做下去，时间会帮助我们成长。

第二，历史会肯定我们的价值

人的一生，就是一页历史。有人以慈悲智慧写历史，有人以自私愚昧写历史，有人以辛勤血汗写历史，有人以懈怠放逸写历史，我们要为自己留下什么样的历史呢？当我们发心立愿，这件事也参与，那件事也策划，我们的一切行为，都会留下轨迹，历史昭昭俱在，就会肯定我们的价值。

第三，后学会提升我们的身份

我们在一个团体、单位做得久了、做多了，自然会有很多人跟着学习。等到这些后学成长了，有所成就了，自然而然也会提升我们的身份。只要我们不轻后学，奉献己长，尽力教导，后学也会尊重我们。

第四，大众会帮助我们的进步

佛经有则譬喻，瞎子、跛子、哑巴，相互提携帮助，终于安全逃离火宅。这意思也可以说，我们生存在大众里，生存在这世间，一定需要士农工商、需要各种专长的大众来成就，这就是"同体共生"。我们对身旁的人有所贡献，当然他们也会给予我们回报。我帮助你、你帮助我，大家相互帮助，贡献己力，就会促成彼此进步。尤其大众是非常可爱的，佛陀也说："我是众中的一个"，千万不要失去大众，让大众推动我们成长进步。

沙土田地能长出禾苗，肮脏淤泥也能生出清净的莲花，不论外境时间、环境好坏，只要正面思考、转化，它都给予我们价值，都能引领我们走上光明的大道。以上四点，值得我们深思！

鉴的功用

　　古人在龟壳上刻上一些好的文句，作为座右铭，叫作"龟鉴"，引申为观照、警惕之意；鉴也是镜子的意思，如《庄子》说："鉴明则尘垢不止"，后来被作为照明影现之用。唐太宗的千古名言："以铜为镜，可以正衣冠；以古为镜，可以知兴替；以人为镜，可以明得失。朕常保此三镜以防己过。"由此可以看到，"鉴"有许多功用，列举如下：

第一，以镜为鉴，可正衣冠

　　古人在大年初一时要"长幼悉正衣冠，以次拜贺"；《论语》也说："君子正其衣冠，尊其瞻视。"意思是无论身心，都要能恭敬谨慎；你以镜为鉴，就可以看到自己衣冠正不正，进而有所改进，使自己身心庄严端正。

第二，以人为鉴，可观善恶

　　世间很多的人，善人恶人、好人坏人、君子小人、长幼妇孺等，有谓："君子不镜于水，而镜于人。"假如你能以这许多人为鉴，知道如何在善恶里有所取舍，懂得如何在好坏里明白事理，就可以知道自己的行止何去何从。

第三，以史为鉴，可知兴亡

"明鉴所以照形，往事所以知今。"历史是我们的龟鉴，你看朝代的兴替、历史的成败、事件的起落、人物的悲喜，所谓"鉴往知来"，我们可以用那许多的人、事、物，作为我们的教训，不再重蹈覆辙。

第四，以时为鉴，可悟无常

时间也是我们的一面镜子，我们看到时间的迁流、时间的变化，知道世间无常，没有一样可以久住长存。人有生、老、病、死，物有迁流变化，心有幻想颠倒，世界上每一个人、每一件事，都是在无常变化里流转不停。因此，如果我们从时间的迁流，看到无常，懂得无常，就知道要如何超脱无常的人生，超脱无常的时间，要体证悟道，求一个永恒的生命，悟一个本来面目，所谓不生不死，跳出无常的范围之外，这是我们修行人最重要的功行。

所以，鉴古洞今，可以少走冤枉路；以往鉴来，可以谨慎于未来。

行为之鉴

所谓"相由心生"，人的内涵、思想、品格，往往表现在他的言语、相貌、行为当中，而一个人的吉凶祸福、是非善恶、得失荣宠，也是由他的行为可以看得出来。借由别人或自己的行为表现，作为借镜和警惕，时时观照，时时反省，时时调整，以此圆满人格、成熟自我。以下四点意见提供：

第一，吉凶祸福是因果的关系

命运不是定型，是可以改变、转化的。命运之中的吉凶祸福有其因果关系，并非上天来惩罚我们，或赏赐我们，而是由自己的行为所决定的，所谓"种如是因，得如是果"，因此，自己的行为应当自己承担。《俱舍论》有云："因缘合，诸法即生。"世间的一切都离不开因果法则，善恶好坏、吉凶祸福都是其来有自，如能明白因果，知道人生的究竟、本来，便能不怨天尤人，自在生活。

第二，称讥毁誉是人为的关系

世间一切称赞、讥讽、毁谤，都是别人加诸我们的。没有一定的标准，都是人为的，人为就有错失，所以对于称讥毁誉不必太过认真。白隐禅师被人冤枉，非但不辩解，反而默默负起孩子的抚养责任，不管他人讥笑打骂侮辱；梦窗国师对于将军恶骂鞭打不以为意，安然若素；弘一大师洗净铅华，不贪恋名利浮华；居里夫人视荣誉为玩具，真所谓"于毁于誉心无增减，闻善闻恶心无分别"，在他们心中称讥毁誉就如同一股清风，过而不滞。

第三，立身行事是自我的关系

胡适曾说："要怎么收获，先那么栽。"立身处事是自己可以决定，每个人都有自己的风格、形象，这些都是自己创造出来，没人能替代。你讲究仁义道德，你实践慈悲喜舍，就能树立一个好的形象；你凡事计较，你待人刻薄，便得不到别人的敬重。因此，我们要立志做自己的主人，为生命创造一个至真至善的境界。

第四，是非曲直是天理的关系

是非、善恶、好坏、顺逆是世间自然的道理，世法的本来，所谓"事有不可明者，理有不可知者"，因为天理自有主张。然而虽处尘世，也应有超然的对待，对于是非曲直了然于心，却不为其所束缚，如同维摩居士"虽处居家，不着三界"，在纷乱的现实生活中，认清自己的立场，不随波逐流。

生活之中所接触的人、事林林总总，如何保有一颗宁静的心，在于时时观照，深入思维，让每一份因缘都成为自己的增上善缘。这四点"行为之鉴"值得深思。

恶性之状

中国人有一个传统的美德，就是隐藏他人的过失，宣扬他人的善行。《中庸》说："舜好问而好察迩言，隐恶而扬善。"可是，隐恶扬善的美德在现今的社会虽为主流，但是"隐善扬恶"的人依然存在，他们专门发扬不好的、丑陋的一面，这实在是一种恶性。在此提出五点，作为警惕：

第一，谤真的、行伪的

目前社会上有些人，他自己凡事好作假，狡诈虚伪，见不得别人的真诚与实在。凡是看到真诚实在的人、事、物，他就毁谤，因为这些真诚的人的品格非他所能理解；真实的事物与他的认知相距太远，他不喜欢，因此，谤之而后快。

第二，谤正的、行邪的

俗话说："人善被人欺，马善被人骑"，现在的社会将这句话发挥得更淋漓尽致。你正正派派地做人处事，就是会有人来欺侮；你愈是凡事不计较，就愈有人来占你便宜。反而那些横行霸道、为非作歹的人，大家无可奈何。因此有人感叹：好人难做，善门难开。

第三，谤是的、行非的

更可叹的现象是"是非不明"。凡是依照道理，遵循规矩去做的事，不是惹人讪笑，就是遭来批评。可是批评你的人呢？他钻法律漏洞，走后门，走快捷方式，却又偏偏能靠这种非法的手段得到利益；然后，再反过头来嘲笑你，数落你。

第四，谤实的、行虚的

士、农、工、商任一行业，实实在在埋头苦干者，在收益上不一定得到同等的回报。反倒夸张不实的、虚张声势的，或只注重外表包装的，能得到青睐，且财源滚滚。这种重虚轻实、谤实行虚的现象，会扭曲一个人的人格。

第五，谤善的、行恶的

有些人对于别人有善良的宗教信仰，嗤之以鼻，斥为迷信；视别人善良的品格为乡愿；讥别人善良的行为是迂腐。可是他自己却邪信、恶行，不但不能隐恶扬善，反而谤善行恶。

佛教教诫大家要"诸恶莫作，众善奉行"；千万不能"诸恶皆作，众善不为"。在此提出五点恶性之状，供大家自我反省与警惕，希望大家能远离恶性，寻回清净的自性。

远离

　　我们的心中，往往不经意就会生起贪欲、嗔恚、愚痴、嫉妒、邪恶等念头，当这些恶念生起时，如果不能克服、远离，就很容易被牵着鼻子走，做出错误的举动。恶念是我们最大的敌人，每个人都应该自我观照，与恶心战斗，远离恶法，才能活出顶天立地的生命，该怎么做呢？提供四点意见：

第一，远离贪嗔邪见

　　贪心像个无底洞，使内心永远不能满足，时时处在空乏的情况，不得自在；嗔恨好比毒火燃烧，使内心犹如疾风迅雷般的热浪翻滚，不得清凉。贪心和嗔心影响人的行为很大，因此要远离，更要心存善念，柔软温和，知足感恩，并扩大自己的心胸，常行慈悲喜舍，利益众生。

第二，远离酒色财气

　　殷商纣王耽溺酒色又残忍无道，为周武王所讨伐；春秋时代，虞王因贪图晋献公的美璧与宝马，被晋国所灭。《法苑珠林》云："财色与酒，名为三惑，臣耽丧家，君重亡国。"所以，对于饮酒与美色应该有所节制，对于不义之财也要能不取；君子爱财，取之有道，取所当取，得所当得，方能免祸保安康。

第三，远离杀盗淫妄

社会的混乱，起因于一些人的胡乱作为，在监狱里的罪犯，大都犯了杀人放火、偷拐掳掠、邪淫失伦、妄言欺骗，或者贩毒的罪行，总括而言，不外乎没有守好佛教提倡的五戒。如果人人能够多种善因缘，不杀生而行仁慈，不偷盗而多布施，不邪淫而尊重他人，不妄言而树立诚信，不贩毒而使人保持清醒，社会水平就能提升。

第四，远离邪知愚行

不正确的思想、见解，会影响一个人的行为，社会上有些人因为价值观念偏差，利欲熏心而为非作歹；有些人愚痴，不明就理，断章取义或捕风捉影，往往扭曲事实。因此，远离邪知邪见，有因果观念，以正当的想法，引导人生向上、向善的发展，才能走出成功的人生。

古哲言："近朱者赤，近墨者黑。"又说："蓬生麻中，不扶自直。"都说明一般人很容易受环境影响。我们要远离恶法，亲近善法，才能言行端正，受人尊重。

邪法

人生要有信仰；正信最好，正信能引导一个人心智渐趋清明。如果一个人只信公理，那也没有什么关系，至少他不会为非作歹。最可怕的是邪信，把不实的信念当成真实的，把错误的想法当成正确的。不正确的观念、想法，就是邪法：

第一，不劳而获的取巧是邪法

"一分耕耘，一分收获。"不管从事哪一行业，只要是正当的，靠自己的智慧、劳力、时间而换来的成果，都值得欢喜，流血流汗得来的报酬，是最值得庆幸的。但是，有些人不肯辛苦，不肯劳作，只想凭空而得，窃抢偷骗，这种不劳而获，就是邪法。

第二，不当利益的拥有是邪法

有些人虽不是公然偷拐诈骗，却也绞尽脑汁，用尽心机，例如做生意的人囤积居奇，贪官污吏敲诈勒索，毒贩私枭走私贩毒，军火贩子制造、贩卖杀人武器。这些人虽是劳心，却是把自己的利益建筑在别人的痛苦上，甚至造成民生动荡，社会不安，这些行事都是邪法。

第三，不诚虚妄的传播是邪法

我们有幸处在言论自由的社会，每个人都能畅所欲言。但是，如果造谣、说谎、挑拨离间，或是传播未得到证实的信息，让大众接收不实的信息，小则造成团体间的不和，大则引起族群的分裂，社会的不安。这种影响人心，影响社会的虚妄不诚的传播也是邪法。

第四，不实惑众的表现是邪法

有些人看准了现代人追求神异、崇拜先知的弱点，谎称自己是活佛，以种种方法来表示自己有神通，能通灵唤神驱鬼，能呼风唤雨，夸称自己料事如神，法力无边，借以骗取他人的信任、崇拜，甚至骗色敛财。其实，正信的宗教，有其相当严密的思想理论，即使有神迹、灵感，也不会轻易示现。因此，如果碰到的是一位动不动就为你显现奇迹的大师，就要特别留心他那些迷惑人心的邪法。

有些人他并非刻意要邪信、邪行，只因为未能运用智慧辨别是非，了解事情的真相，致使行邪事而不自知。以上提出四点"邪法"，提醒大家注意。

大与小

"大"与"小"看似有分别，其实大不一定好，小也不一定不好。小故事里有大启示，小王子会做大国王；7岁项橐为孔子师，7岁妙慧童女能说大乘佛法，故虽小亦大矣！关于大与小，有以下四点：

第一，勿以恶小而可为

不要以为一句坏话说了不要紧，一个坏念头升起不必怕，一件坏的事情做了不担心，《涅槃经》云："莫轻小恶，以为无殃；水滴虽微，渐盈大器。"别轻忽小小的罪恶，如同水滴不断，必定力可透石。古人说："勿轻小事，小隙沉舟；勿轻小物，小虫毒身。"一个人的堕落，往往也是从细微处开始，所以《书经》说："慎终于始。"警惕我们第一步不可踏错，以免"船到江心补漏迟"。

第二，勿以善小而不为

《佛光菜根谭》云："小善甚微，累成大德。""善小"也含有"大义"。善有大小，只要发大心也是大善；反之，纵然是大善，若不肯随喜，也只是小善。苏东坡任密州太守，遇到荒年，他"洒泪循城拾弃儿"，拿出小钱，救活40位即将饿死的孩子；佛光大学百万人兴学活动，也是集众人之小善，成就一所大学校；所谓"积善成德"，都是从大处着眼，小处着手而成。

第三，勿以权大而可畏

哲学家休谟说："一切权力，最后终必以众意为依归。"袁世凯赠厚礼于梁启超，梁启超不但拒绝，还发表文章揭露他的恶行，而且还遭到袁世凯的威胁。梁启超却说："宁可逃亡生活，也不愿苟且偷生。"他不畏权贵、不受威胁的胆识，令人钦佩。唐朝道信禅师道闻遐迩，唐太宗三诏不赴，以疾辞旨，他不贪名闻利养、不畏强权的风骨，赢得御赐紫衣。所以，掌大权，做大官的人虽可畏、可敬，但我们若心存浩然正气，其心天地可鉴，又何惧强权。

第四，勿以胆大而不畏

《论语》："君子有三畏，畏天命，畏大人，畏圣人之言。"现代人最大的悲哀是目中无人，心存我慢，泯灭良知，无所不为。当一个人不知天高地厚，一切无所畏惧时，即是败德之兆；反之，一个人有所敬畏，时时提防自己的心念行为，不违背因果道理，就可奠定成德之基。所以"人必先有所畏，而后才能无所畏"！

所谓"为善不见其益，如草里冬瓜，自应暗长；为恶不见其损，如庭前春雪，当必潜消"，意指善业暗长，恶业潜报，"故圣人见微知著，睹始知终"。所以，小不可轻大，大亦不可轻小。

勿因小失大

人生的际遇有轻有重，我们若把握不当，就容易因小失大、顾此失彼。三国的周瑜，因不服诸葛亮的聪明才智，三败三气，赔了夫人又折兵，更赔上自己的性命。其实人我之间"你中有我，我中有你"，彼此都是一体相关的，若能体会"共存共荣"的道理，就不会计较荣辱得失。关于"因小失大"有以下四点意见提供：

第一，勿因争夺权势而失去友情

有时朋友间因争权夺利，而伤害感情，甚至连友谊都失去了，实在划不来。毕竟权利是一时的，但友谊却是永久的。古代庞涓怕孙膑夺权而陷害他，然孙膑逃到齐国一展长才，不但歼灭魏军，庞涓还被万箭穿心。若我们能如管鲍之交，互相信任，彼此成就，不是更好吗？

第二，勿因赚取财富而失去快乐

有的人为了家计赚钱，整日忙碌，顾不得家庭，失去了家庭之乐；有的人因为忙于赚钱，闹得夫妻不常相聚，失去了爱情。有时更为了赚钱、再赚钱，顾不得儿女的教育，不但失去天伦之乐，也有亏父母的职责。其实，欢喜的生活，才是人生最大的财富，所以勿因只顾赚钱而失去快乐。

第三，勿因创造事业而失去健康

现在的人常常忙于自我创业，但创业何其容易？人一旦忙起来，往往就忘记照顾自己的身体，等到事业有成，健康却失去了。健康犹如汽车燃料，没有健康的身体，哪来工作、生活的乐趣，健康可说是一切事业的资本。

第四，勿因妄说巧言而失去尊严

我们如果常说一些花言巧语、不实在的话，久而久之，别人就会对我们的人格大打折扣。虚妄之言，不但自讨没趣，还会失去信用与尊严。做人要言行一致，多说一些慈悲爱语、正直实语，才能自受用、他受用，而自利利人。

闽南话说："天公疼憨人。"一个人只要心存正念，该是你的，即便吃亏，终究还是你的。若我们不知衡量轻重，不能珍惜眼前因缘，最后因小失大就划不来，毕竟一切因缘的形成，都来之不易。所以说"心量小，烦恼多，痛苦亦多；心量大，喜悦增，福德亦增"。

"多"的弊端

常人喜欢多财多宝，若不懂得运用，和贫穷一样匮乏；若以财宝炫耀，只有显得俗不可耐。满怀好意的人多朋友，假如不懂得分辨是非善恶，也只是个滥好人；人才聚集很多很好，但是不懂得团结，也只算是一盘散沙，不能共成大事。可见"多"也有弊端，列举四点：

第一，多吃无滋味

《尼干子经》说："噉食太过人，身重生懈怠，现世未来世，于身失大利。"饮食适度，有益健康，但是多食无益。例如酒喝多了，不省人事，失去理智；饭菜吃撑了，脑满肠肥，想再多吃，也食不知味。所以佛教视饮食如良药，适时适量地吃，维持身体健康。好比禅者不因好吃而多吃，也不因不喜欢而不吃，只为了疗养色身，借此修行，用功办道。

第二，多言不值钱

有的人喜好讲话，一有机会就高谈阔论，卖弄口才。言多必失，总是惹人厌恼，还会失去"话"的价值，因此古德常告诫弟子嚼舌伤神，所谓"多言取厌，虚言取薄，轻言取辱"。会说话是一门学问,也是一种艺术,谨慎的人,话多不如话少,话少不如话好。话还要说得中肯,一言九鼎;说得有理,容易接受;说得适时,自他都心情愉悦。

第三,多忌失亲信

猜忌怀疑,只有减损互相的尊重;尔虞我诈,自然容易生出是非、纠纷,徒然滋生烦恼。唯有笃实信赖,才能转排斥为祥和。《三国志》评论袁绍:"宽而多忌,仁而无断,兵虽强,实失天下心,可谓逆德矣。"太多的疑忌,只有让跟随他的人离心离德,不能团结合作,终究失败。若能疑人不用,用人不疑,方可获得忠诚的伙伴。

第四,多虑难成事

谨慎谋略,能使策划周延,但若顾虑太多,患得患失,踌躇不前,往往浪费心思而错失良机。《法苑珠林》记载:"多虑多失,不如守一,虑多志散,知多心乱,心乱生恼,志散妨道。"因此要简化思虑,单纯以对;对善美的事情,时机当前,就要马上去做;应该决定的事情,就要智慧分辨,当机立断。

吃不忌口,贪多伤身;口无择言,惹祸上身;奸计巧谋,失去朋友;费心多虑,匮乏失误。相反的,少欲知足,活得快乐;言简意赅,是非减少。所以有时"多"有这些弊端,不如少一点,反而更美妙。

“多”之见

“多”代表丰富，也是许多人的希望。例如福报幸福愈多愈好、快乐财富愈多愈好。随着时代文明进步，“多元化”是现代社会发展的新趋势；企业要“多角度”才能永续经营；人要“多才多艺”，才能因应职场不同的需求；善行义举要“多多益善”，世道人心才能淳善净化；修行人要“多闻熏习”，才能智能增长。“多”有许多功用，以下四点作为参考：

第一，多闻不如多见

目前信息发达，但是天天在家看电视、读报纸、光听别人讲，这是不够的。古来禅门大德千山万水地去行脚参学，就是要亲身体验、吸收活用的知识。现在经商重视实地考察，做研究要田野调查，明朝徐霞客放志远游，“升降于危崖绝壑，搜探于蛇龙窟宅”，为滇缅佛教留下珍贵的资料，所谓“行万里路胜读万卷书”，凡事应该要亲身去体验，才能扩展广阔的视野。

第二，多言不如多行

俗谚云：“说道一丈，不如行道一尺！”有些人看似满腹经纶，说得头头是道，话是很多，实践却没有。佛陀教导人要“解行并重”，王阳明鼓励大家"知行合一"，孙中山说"知难行易"，总之言还是需要行。再多的言论、计划，如果光说不练，只能说食数宝、画饼充饥，永远没有实现的一天。

第三，多疑不如多问

佛教讲"大疑大悟"，经典里，都是由弟子提问，佛陀为大众解答；禅堂参禅打坐，叫你"提起疑情"，在疑处用心参修。胡适说："做学问要在不疑处有疑，待人要在有疑处不疑"，有了疑心，应该提出来问清楚、说明白，否则，把它放在心里，疑心生暗鬼，不但个人智慧不能增长，人际关系也会出现嫌隙阻碍。

第四，多虑不如多防

现在社会上的人不管有钱没钱，不是怕盗窃就是怕绑架，这个不安全，那个不放心。与其挂虑，不如提防。例如害怕病毒传染，就要重视环保卫生；忧虑人际关系不足，就要积极调整改善。不仅防止外境的恶因恶缘，也要防患内心的烦恼污染，能防患未然，你的损失必定会减少。

"多"不是要人贪求，如果待人多一点宽容，多一点谅解，朋友会愈来愈多；内心多一点满足，多一分感恩，身心就能欢喜自在；对真理多一点探求，多一分体会，自然能远离愚痴果报。

多与少

"多一分""少一分"，如何适切地把握，是一门人生哲学。有时候要使生活美好，内心自在，我们要多一分快活、真实、悠闲；要少一分忧伤、虚伪、忙乱，好的事情多一分，自然坏的事情就会少一分。如何恰到好处，有四点意见提供：

第一，多一分谨慎，少一分失败

为人要谨言慎行，处事要思前顾后，所谓"宁走十步远，不走一步险"，多一分谨慎，不行差步错，抱着如临深渊的态度，胜过万般防备。苏轼曾说："慎重则必成，轻发则多败"，事事谨慎，不轻忽大意，才能避免"一失足成千古恨，一步差致千里远"的憾事。

第二，多一分预防，少一分灾害

古人说："勿临渴而掘井，宜未雨而绸缪。"就是警惕我们要有防微杜渐、未雨绸缪的准备，否则灾难发生时，都为时已晚。所以，平日居家可准备急救药箱，以防不时之需；台风前准备蜡烛、手电筒、储水，以防停电停水；举行救灾演习，以防地震、海啸发生等，平时多一分预防，就是减少灾害的最好办法。

第三，多一分保健，少一分病痛

现代上班族的生活质量日趋低落，工作压力大，步调紧凑，又疏于运动，导致生理不适，甚或职业病、文明病缠身，真是苦不堪言。对于自己的健康，要多一分保健的常识观念，比方要有适当的运动、饮食、休息，与及时就医治疗的观念，不要等健康亮了红灯，都已造成遗憾。所谓"无病第一利"，人生最大的福报，莫如无病健康，不要因为疏忽而损失自己的健康。

第四，多一分善心，少一分罪恶

用善心去看人，人会很好；用善心去看事，事情会很好，那是因为我们内心拥有善美，所以世界到处都美。眼中所看是美景、耳中所听是美言、心中所想是美事，正如《维摩经》说："心净则国土净"，用善心做人处事，就会减少一分罪恶。

平时如果能对生活多一分关心、用心，就会减少一分遗憾，建立良好的观念与生活习惯，人生就能美满。

苦乐之间

人间的生活，有苦有乐，太苦时，当要提起内心的欢喜快乐；太乐时，也应该明白人生苦的真相，如此，才不致因苦或乐，而造成心绪的起伏不定。"苦乐之间"有四点说明：

第一，耐贫贱易，耐富贵难

有的人在贫穷的时候，即使是过着有一餐没一餐的生活，也毫无怨言，但是，等到富贵发财的时候，却再怎么也忍耐不住了，一再地想要花钱、玩乐、享受。《东坡志林》有云："富贵易生祸端，必忠厚谦恭，才无大患。衣禄原有定数，必节俭简省，乃可久延。"因此，耐得住贫穷，也要耐得住富贵。

第二，安勤苦易，安拥有难

有的人，当他贫苦的时候，每天卖力工作，不喊累也不叫苦，一旦拥有了财富，却成天为金钱所束缚，担心财富为人所夺，不能安心。社会上，有很多人愿意和自己的朋友、兄弟、家人共患难，可以同甘共苦；但等到富有时，要他共富有却很困难，甚至彼此你争我夺。所以，人生对此事应有警戒，才不致因为一己之私，坏了双方多年的友好关系。

第三，受欺侮易，受怨气难

有人欺负我了，忍耐一下，这很容易，因为对方是一时不了解我，才会这么做，所以可以不和他计较。但是一旦被人冤枉，要受怨气却很难，我没有讲这句话，他偏偏说是我讲的；我没做这件事，他执意说是我做的，这时再也忍受不了。其实，能受得了冤枉，会增长更大的福报。

第四，忍挫败易，忍快乐难

要忍耐挫折失败比较容易，但是要忍受欢喜快乐却很难。比方股票跌停板，损失了几十万元，再怎么样都要忍耐，一旦是涨停板，赚了几百万元，兴奋之情却是溢于言表，难以控制这种痛快的感觉不表现于外。

苦与乐乃存乎于一念之间，然而热烘烘的快乐，会乐极生悲；冷冰冰的痛苦，会苦得无味。因此，人生要能节制自己，要过不苦不乐的中道生活。

不堕落

一棵树，存在往下扎根、向上生长的本能，它知道吸取养分，滋养身躯，待枝繁叶茂时，就能够庇荫十方路人。人也是一样，具有积极向上的生命动力，只要我们坚持，它也未曾放弃，进而发挥它的意义价值。然而，身处纷乱扰攘的人世间，如何坚持不堕落呢？以下四点意见提供参考：

第一，做感人之事

感动是最美的世界，它让人心意交流，缩短彼此的距离，明白活着的美好。佛陀为弟子煮粥疗饥、穿针缝衣；仙崖禅师对夜游沙弥，只有一句"夜深露重，小心着凉"，无不令人心生感动。能以慈悲、谦逊、真诚感动他人，散发人间情意的光华，那么便是处处净土了。

第二，怀大众之心

这个世间是因缘和合而有，没有大众，不能成事。佛陀说"我是众中的一个"，常不轻菩萨"我不敢轻视汝等"，都是心怀大众，所以成其伟大，受人敬仰。凡事以大众利益为优先考虑，时常想着"大众第一、自己第二"，不以"老大"自居，我们的心量，自然能如大海壮阔，如虚空包藏万物。

第三，图奋发之志

有志向的人生，才有希望，才有动力。《大智度论》言："作福无愿，无所标立，愿为导御，能有所成。"地藏菩萨发下"地狱不空，誓不成佛"的宏愿，给予众生脱苦的希望；观音菩萨立下"千处祈求千处应"的志愿，免去众生怖畏的恐惧。我们的人生也要奋发立愿，才能为自己、为他人创造无限的可能，生命也才能奋起飞扬。

第四，防恶事之念

对于善恶，《六祖坛经》提到："自性起一念恶，灭万劫善因；自性起一念善，得恒沙恶尽。"不仅是修道之人，平时为人处世，也应常怀善心善念，事事才会有好因缘。所谓"火烧功德林""莫以恶小而为之""思量恶事，化为地狱"，都是在告诫我们恶事损福伤德，不可不防啊！

道路有方向，水流有方向，生命的发展也有它的方向。究竟是善是恶，是升是堕，全然决定于我们的心念与作为。如何不堕落呢？以上四点要实践。

反省之微

一个人要想自己进德，必须每天反省。反省，好像镜子，可以看到自己的本来面目；反省，好像清水，可以洗净内心的烦恼污垢。反省的种种好处，列举六点如下：

第一，静坐，然后知平日之气浮

我们的心，好似猿猴跳跃，一刻不停；又好比瀑流湍飞，没有一刻安静。假如有静坐的习惯，当你静下来，就会知道平常这颗心，是多么浮动躁进。静坐，心才能稳定；静坐，心才不慌乱。

第二，守默，然后知平日之言躁

古人有谓："圣人深居以避患，静默以待时。"默，不是不讲话，你静默，才能详思审虑；你守默，会懂得观时以动。尤其当你一沉默，就可以知道平常的讲话太过急躁，甚至说话不经过大脑就讲出来，行事就容易冲动，处世也容易冒失。守默，可以少去许多无谓的话语，减少许多无端的烦恼。

第三，省事，然后知平日之费时

做事要有方法，懂得化繁就简，麻烦的事情减一点程序，复杂的事情，也省一点手续，就会知道平日过于浪费时间，浪费人力，浪费资源，殊为可惜。

第四，闭户，然后知平日之交滥

假如能有一段属于自己的时间，闭户休息，不到外面交际聚会、应答酬对，这时，就会知道平常东奔西跑，到处交往迎来，浪费时间太多，失去自由。

第五，寡欲，然后知平日之病多

假如你可以清心寡欲，减少了贪欲，你就知道平日"多"的苦。你太多的财、色、名、食、睡，负担太大；太多的妄想杂念，心不能平静；太多的计较执着，思想不能开阔。因此，寡欲一些，会少去"多"的烦恼。

第六，近情，然后知平日之念刻

假如你近乎人情，近乎事理，就会反省到平时待人不够厚道的地方，你会想到："哦，我还要再体谅人家一点""哦，我还要再善解人意一点""我还要对人好一点"，你的人际关系就会有所改善。

反省，是悔过的勇气；反省，是自修的功课；有了反省，是人格进步之母；有了反省，心中会常存感恩。

面临境界

佛教有一句话："讲时似悟，对境生迷。"意指道理懂很多，甚至滔滔不绝地向人说教，当自己面临境界的时候，却被现象给迷惑颠倒了。面临境界时，怎样才不会迷呢？以下有四点意见：

第一，要临事不苟

每个人每天遇到事情，大至世界、国家、社会局势，小至生活琐事，乃至身心苦乐问题，林林总总，不知凡几。事多且繁，却不可敷衍，尤其事情来了，更不能推卸责任，你能当下承担，一丝不苟，诚意面对，必能处理化解。

第二，要临战不怯

唐朝郭子仪因平定安史之乱有功，被封为大元帅。有一次，回纥、吐蕃十万大军来侵，郭子仪认为己军势单力薄，难以制胜，于是放下刀枪，脱下头盔、护身衣，只与少数轻骑随从，进入回纥军中谈判。由于他的自信、勇敢，令对方首领大为佩服，因而订立誓约，退兵而去。凭着这种临战不怯的气度，终于化险为夷。

第三，要临危不乱

人生如战场，就是经营日常生活，许多的境界，也都像在战场一样，必须要靠勇敢、冷静，才能不怕挫折，接受挑战。所谓敌人，不一定在别处，不一定是他人，佛法有云："一念嗔心起，百万障门开"，举心动念间，都是人生的危险。因此面临危难时，要冷静思考，不可自乱阵脚。

第四，要临难不惧

经典说众生有五种畏惧：不活畏，所以生活不安，常积资财；恶名畏，所以害怕他人讥谤，自己名誉受损；死亡畏，畏惧生命即将失去；恶道畏，害怕自己堕入地狱、饿鬼等恶趣；人众威德畏，是没有信心，或自信不够而害怕出现在大众之前。人生在世，遇到困境灾难，大都不离这五种畏惧。发生时，能知祸福穷通，唯人自招，就不会怨天尤人；能知前因后果，事出有因，就能临难不惧，转危为安。

所谓"对境练心，对人练性"，世间逆缘，是我们向上之阶，世路风霜，为我们练心之境，世情冷暖，成我们忍性之德，世事颠倒，作我们修行之资。这四点可以作为我们对境练心的修炼。

"不"的原则

人在世上，有所要，有所不要；不要的事情有很多，好比不让人知、不令人闻、不要人妒、不为人惧。但是"不"也有"不"的原则，提供以下四点意见：

第一，若要人不知，莫若不为

俗语说："若要人不知，除非己莫为。"做过的事，要他人不知道是很难的。尤其"好事不出门，坏事传千里"。若不要人知道，不如就不做。《大学》说："君子必慎其独。"曾子曰："君子十目所视，十手所指。"好汉做事好汉当，不该做的不做，能以正大光明的态度，来面对自己，自然就吃得饱、睡得香了。

第二，若要人不闻，莫若不说

有的人在聊天时常常会说："我只告诉你，你不要告诉别人啊。"那个人随口又转告他人："我只告诉你一个，你千万不可说出去。"没多久秘密就传出去了。《韩非子》云："事以密成，语以泄败。"因此要避免无谓的争端，最好的方法就是不说。

第三，若要人不妒，莫若不得

当我们得到功名，或发了钱财，难免会遭人眼红，尤其得之不应得，嫉妒就更难免的了，甚至它会如影随形，让你担心前途随时不保。因此，得时不忘谦卑、低调，才不易遭受嫉妒；而不应得者，不如不得，免得还要患得患失，身心无法安顿。

第四，若要人不惧，莫若不嗔

《佛光菜根谭》云："嗔心如狂风，会卷走人缘。"人际往来间，脾气大并不代表能降伏对方，要做到让别人不怕我们，才是真正会做人做事。观世音菩萨"施无畏"，布施无畏给予众生，因此，人人将家中最好的位置留给他。你布施善意，自然令人感受温暖；你发出嗔心，别人当然避之唯恐不及了。

若不要人家把烦恼带给你，那么我们自己就应行得正，不当做不做，不当说不说，不当得不得，不当嗔不嗔。明朝冯梦龙在《警世通言》说得好："平生不做皱眉事，世上应无切齿人。"在大众监督下，我们才会更加小心自己的行为。

"多"的得失

说到"多"，有得有失，拜访亲友，送礼要够；与人谈话，话题要多；多亲近善知识，可以增广见闻、进德修业；与人无谓的应酬一多，浪费的时间也不少。

因此，要紧的是，当多则多，当少则少；所谓"福兮祸所倚"，一味贪多、求好，表面上拥有很多，骨子里却有无尽的烦恼。因此，不得不注意"多"的得失，有以下四点：

第一，礼多人不怪

中国有句老话："礼多人不怪。"多些慰问、多些关怀、多些赞美、多些尊重，都是好事，但也不能多得让人见怪，多得让人觉得做作，就不妥了。所谓"礼"，是一个人表现敬意的态度，礼的多少不重要，重要的是能周到、适当。

人类社会的交流往来，以礼为先，例如婚嫁、喜庆、过年过节、新居落成等，在礼貌上都会表达祝贺，如果没有祝贺，就显得失礼了。

第二，话多人不耐

苏格拉底说："天予人两耳两目一口，盖欲使其多见、多闻、而少言语。"说话应简明扼要，太多的闲话，让人听了会不耐烦。中国人有"好讲话"的习惯，无论什么场合，台上讲，台下也讲，等到要你上台讲，却又不肯，或者一旦上了台，一开口就没完没了，迟迟不能下台。话讲太多，容易出差错，后悔都来不及，所以话多不如话少。所谓听者为尊重讲者，应当用心听，而讲者也应尊重听者，话语适可而止。

第三，疑多人不快

一个人若以疑心与人交往，容易产生是非与猜忌；对事情抱着犹疑的态度，容易优柔寡断；对主管不能信任，则容易造成意见分歧。英国培根说："疑心是友情的毒药。"因此，为人处世，不能经常用自己的成见去揣测别人的想法，如果对这个不信任，对那个也怀疑，最后则会失去所有的朋友。

好比华佗要替曹操开脑取瘤，曹操却怀疑华佗要谋害他，而下令押入大牢。等到曹操头痛剧烈，想起华佗时，华佗早已死在牢里了。

第四，怒多人不爱

《菜根谭》曰："疾风怒雨，禽鸟戚戚；霁日光风，草木欣欣。可见天地不可一日无和气，人心不可一日无喜神。"一个人若老是发脾气，即使能力再强，也会让人不敢领教。一个人拥有的技能，可经由学习而获得，但是肚量、涵养却是不容易培养的。如果我们能学习不将怒气发之于口、形之于色，甚至不起于心，那么，心地清净，自然能有好人缘。

多不一定好，好比一个人言多、疑多、怒多，甚至礼节过多，不一定能受人尊重。反之，说话把握重点、对人心怀信任、待人祥和欢喜、礼数合宜适度，则处处受人欢迎。

"多"之病

贪得无厌、多多益善，这是一般人的通病。例如金钱越多越好、田产越多越好、房屋越多越好，无论什么东西，都是希望越多越好。"多"有时候也不全然就好，"多"也会有多的毛病。"多"之病，有四点：

第一，多事为修养第一病

俗语说"狗拿耗子，多管闲事"。做人固然要见义勇为，要热心主动，但有时候不需要旁人插手去做、去管的事，如果你硬要插上一脚，硬要去干涉、参与，这就是多事。多事是修养之患，所以在佛教的丛林术语里，有所谓"油瓶倒了，不要你扶"，意思就是要你管好自己，不必多事，这就是最大的修行。

第二，多言为涉世第一病

一个人平时如果有事却不开口，固然会让人有"神仙难下手"之感，但是多话，常常也会惹出许多不必要的麻烦。例如一场会议，不是你的身份可以发言的，或是一项决议案，不应该由你宣布，但是你多话，提前曝了光，反而坏了别人的事情，所以多言是涉世第一病。

第三，多聪为立心第一病

一般人莫不祈求聪明才智，但是也有人感叹"聪明反被聪明误"。如苏东坡说："人皆养子望聪明，我被聪明误一生；惟愿孩儿愚且鲁，无灾无难到公卿。"我们不要以为聪明很好，聪明过了头，如果得不到别人的欣赏，往往会慨叹怀才不遇。甚至很多自以为聪明的人，不肯放下身段，因此高不成低不就，心理上总不是很平衡。所以，太聪明也不一定是福气，憨厚、诚实，大智若愚，还是比较好生活。

第四，多费为养家第一病

勤可以补拙，俭可以却贫。一个善于持家的主妇，一定要懂得节俭，要开源节流、量入为出，不可浪费。例如平时用不到的东西，不要因为打折扣、大甩卖，就贪小便宜买了一大堆，买了没用也是浪费。所谓"吃不穷，用不穷，算盘不到一世穷"。不懂得节约，不善于计算，造成入不敷出，这都不是养家之道。

世间事，过犹不及，中道最好。所以"多"的毛病，我们也应该引以为戒。

多求不安

农产丰收令人开心，但堆滞如山、销不出去时，却令人头疼；土地愈大愈好，但无力经营而荒置时，也很可惜；求朋友多、求多子多孙、求升官发财，真的就好吗？有时多求，反而不安，甚至患得患失，产生许多的烦恼。不安从那里来呢？以下四点：

第一，多看目不清明

看书虽多，囫囵吞枣，也不一定明白其中道理；看不完的电视，不但记不得节目内容，还把心都看乱了。许多人喜欢看山、看水、看花，看人来人往、看红男绿女，却看不见自己的心。参禅者贪看，功夫用不上；念佛者贪看，只有口无心。所以，眼睛所看，也要有所抉择。不只看自己，要看大众；不只看现在，要看未来。会看的人，看真相，会看的人，看内心。

第二，多闻耳不聪慧

美妙的音乐，听来令人舒怀悦意；绕梁三日不绝于耳的声音，也令人回味无穷。但是假如听得太多、太杂，整日追逐外在的音声，最后只有感到"五音令人耳聋"，难以清净，甚至像俗语所说"听了风就是雨"，过度反应了。因此，"明者视于无形，聪者听于无声"，要能听出无声，才能真正听出真理、听出真心。

第三，多虑心不清净

所谓"愚者千虑，必有一得；智者千虑，必有一失"。凡事缜密周延的规划是有必要的，但穷思极虑，心头挂碍太多，不但没有帮助，反而内心混杂壅塞，不得分明，甚至整个人动荡不安，损伤身心健康。

第四，多求眠不安稳

做官的人，希望加爵厚禄；没钱的人，希望发财致富；中学生祈求考上好学校；单身者祈求找到另一半。原本欲求也是人性之一，但假如满脑子只为一己之私，想出无边计谋，就会烦恼连连，痛苦不堪，睡觉都不得安稳。如果能将自私的欲求转化、淡化、净化，日子就能过得心平安稳。

海伦·凯勒眼盲心不盲，成为伟大的教育家；贝多芬耳聋心不聋，创作出旷世音乐；德山宣鉴禅师因龙潭崇信禅师的灯火熄灭，而明心见性；五千菩萨因维摩居士的默然无语，而证得无生法忍。

不在眼耳鼻舌身意六根过分的追求，反而有另外的开展。因此过度的所求，还是要远离为好，免得造成种种不安。

力行之方

《中庸》载："好学近乎知,力行近乎仁,知耻近乎勇。"知此三者,则知修身,"知所以修身,则知所以治人;知所以治人,则知所以治天下国家矣!"《申公传》则云:"为治者不在多语,顾力行何如耳。"因为空谈论说,不切实际的玄想,都于事无补,不如重在力行,勉力实践,才能获得成功,赢得赞扬。

第一,生而不知学,与不生同

一个人要在世界上生存、生活,最重要的就是要学习。至少要学习生活的基本技能,生命生存的基本能力,进而学习知识、学问、道德、智慧,才能自立立人,自度度人,自达达人。如果这些都不学习,怎么生活? 不肯学习,不就等于没有出生到人间一样吗!

第二,学而不知道,与不学同

有的人学了很多谋生的技能,也读了很多的书,拿到许多文凭和证书,甚至是双博士、多重硕士,但是他不通达、不明理,即使是当了大学的教授,也可能会为了隔壁邻居家的落叶飘到自己的院子来,而和人争吵打架。反而那些不认识字,没有读过多少书的人,却很通达明理,知道"一切福田,不离方寸;从心而觅,感而不

通”。因此，明理比知识技能还要重要，如果学习而不明理，岂不是
与不学相同？

第三，知而不能行，与不知同

学习要“知行合一”，才是真实的学问功夫。如果稍微明理了，
却不能做到，不能实践，不能知行合一、行解并重，就无法进一步开
阔视野，深入实相的真实奥义，这与不知有什么不同呢？所以，学
习之后，要努力实践，在事上磨炼，才能经世致用。

第四，会而不能悟，与不会同

有的人明白道理，也能体会个中奥妙，但是他不能举一反三，
不能闻一知十，不能从心里，对于所知、所学、所会的透彻悟道。对
事理不能悟道，就无法发挥、活用，如此不能证悟，与不会还是相同
的。所以我们要“转迷为悟”。亦即舍离烦恼之迷妄，而得涅槃寂
静之菩提。

团结的真义

有的人以为单枪匹马很神勇，但是一个人的力量毕竟有限，团队才有强大的力量。有句谚语说："不怕不翻身，只怕不齐心。"维吾尔族也有类似谚语："事成于和睦，力生于团结。"人与人团结，可以上下和谐，敦睦社稷；国与国团结，能够东西交流，世界和平。团结不是喊口号，该如何具体展现呢？有四点意见：

第一，要容许异己

团体当中，每个人看事情的角度不同，着眼点不一样，所以观点也会南辕北辙，如果不能容纳异己，就难以团结，不能成事。语云"有容乃大"，泰山不辞土壤，大海不拣细流，若能包容异己，罗致十方，容纳他人不同的思想、言论、风格，各取优点，取长补短，必能发挥团队的力量。

第二，要分工合作

我们身体的眼耳鼻舌、四肢，各有功能，彼此分工，合作无间，使人体发挥功能。现代社会也很重视集体创造，分工合作的精神。团队里人很多，事情也较繁杂，如果大家各司其职，把自己分内事情做好，各自分摊责任，又能密切合作，要成事就不难矣。

第三，要迁就大众

每个人都有各自的特质，懂得善用，就能使其发挥所长。但是，个人也要有团体观念，以大众的意见为意见，以集体的目标为目标，少数服从多数，多数也要尊重少数。领导对部属能多多给予方便、宽谅、爱护，下属对主管也要做到尊重、忠诚、服从。每个人都能培养大人物的胸怀，不斤斤计较，以众为我，和气相处，就有扎实稳固的力量，共创愿景。

第四，要牺牲自我

在团队里面，最怕的是你争我夺、钩心斗角，你想得点小便宜，他也要多少好处，大家为了一己之利，争得对簿公堂，六亲不认；为了一己之见，争得恶言相向，如同仇敌，整个团队就此离心离德。大众相处在一起，为了圆满事情，对于个人的利益，要多少牺牲一点。处事需以大局为本，本在利生，本没利亡；重视团队的发展，个人也会有所成就。

世间有许多力量，有以智慧充实，有以信心坚固，有以慈悲融和，有以愿力实践，能够集合这些力量，并且容许异己，分工合作，迁就大众，牺牲自我，还怕不能发挥团队的力量吗？

如何团结

有人说，三个日本人可以创办一个大公司，三个德国人可以主持一个市政府，三个中国人却会把一个家庭搞得一塌糊涂，因为中国人一向长于"发展自我"。一只手指头没有什么力量，五只手指头合起来，能成为一个有力的拳头。同样的，一个人、一个政党、一个社团，发挥有限，若能团结起来，他的影响，就不可限量了！

如何团结？有四点意见：

第一，容纳异己才能团结

一个进步的团体和社会是多姿多彩的，除了内部和谐团结外，对外面的反对者也要包容，甚至通过沟通了解，化敌为友，如同佛教有很多宗派，但彼此并不冲突。团结不是要求人人都跟我一样，而是能扩大心胸，包容不同的思想、言论、风格，彼此相互尊重，发挥所长；如此，才能百花齐放。

第二，分工合作才能团结

古之君主治国，对内靠文官经纶，对外靠武将防卫，文官武将各安本分，合作无间。现在国家建设、公司管理，也都是分层负责、各司其职又合作团结，才能繁荣稳定。《杂阿含经》云："有因有缘世间集"，无论任何事，要能分工合作，集体创作，集多数人的智慧、力量，团结起来，才会有卓越的成就。

第三，充实力量才能团结

一般人都知道"团结就是力量"，更明确地说，应该是"有力量才能团结"，有足够的力量，则无所畏惧。如菩萨具备五明，遍学一切法，集合众多的力量，才能广度一切众生。要成就大事，必须学习菩萨的充实自己。有智慧的力量，就懂得融和自他；有信心的力量，就懂得共识和谐；有慈悲的力量，就能够体谅自他；有足够的愿力，才成就广大的事业。

第四，牺牲奉献才能团结

团结的口号，人人会喊，若要牺牲奉献个人的利益时，就很难了。例如汉末袁绍，统帅十八路人马，号称兴仁义之师，其实彼此之间唯利是图，为了功勋，更是钩心斗角，哪能团结？相反的，你有勇有谋去打仗，我有钱有粮忙供应，彼此团结起来，再大的敌人也不怕。

一个家庭之中，父母与子女应该互相慈爱尊敬；邻里和邻里之间，彼此要守望相助；机关团体上下要同心一意，乃至各宗教、各党派之间，都应该以团结为重，唯有团结，一切愿望才能实现。

集体创造

今日的社会已经是一个多元化的社会，国与国之间的关系更进入一个全球化的世界。虽然国际间有种族的分别、国家的分别、贫富的分别，但是时代已经进入一个地球村的构想，所以社会要讲究分工合作，人类要彼此互助，才能有双赢互惠的利益。因此，不论是在小社团的机构，还是国际间的互助合作；不论是社会经济，还是军事政治，大家都要"集体创造"，才能恪尽其功。

"集体创造"有几个必须遵守的原则，我提供四点给大家参考：

第一，有大众没有个人

既然是集体创造，每一个分子就要有大众的观念，不可以一直表现自己；如果过分地表现自己，那么在这个团体里面，就会为大众所不容。所以，在团体里，每一个人都要重视大众。

第二，有团结没有分化

在社会上屡见不鲜，一些投资的股东，在创业之时，彼此都是非常合作的好朋友；但是在事业扶摇直上，利益当前之时，也是彼此分化的开始。所以说："创业维艰，守成不易。"假如一个人可以重视团结，重视宽容，重视集体创造，没有个人分化的行为，才能把集体创造的事业做好。

第三，有为公没有为私

所谓集体创造，是志同道合的人，为完成共同的理想、目标而努力在一起的团体，为了团体的成长，个人应该摒除私心私欲。在团体里，只有大众的意见，不可以执着个人的意见；在团体里，只有团体的利益，不可太讲究个人的利益。那么这个集体创造的理念才能长久。

第四，有向前没有退后

集体创造，等于走路，大家的步伐是一致的，不容许个人的脚步太慢，更不容许个人没有集中力量。就好像团体游戏里面的拔河比赛，必须讲究统一的步伐，才能成功。

"集体创造"就好像佛教的因缘法，譬如盖一栋房子，必须有钢筋、水泥、木材、砖瓦等原料才能完成；一棵树的成长，要有阳光、空气、水分，才能长大；一个人要有衣食住行的种种条件，才能生存。

融和的真义

1992 年 5 月 16 日，国际佛光会世界总会成立大会时，主题演说的题目叫作《欢喜与融和》。世界上没有比"欢喜"更宝贵的东西了！你有钱，不欢喜，就无法受用；你拥有庞大的事业，很多的眷属，不欢喜，那些事业、眷属，都变得没有意义价值。欢喜也不是仅仅一个人欢喜，是要大家共同欢喜，才有真正的欢喜。这个大家共同欢喜，就是"融和"的意思。融和的真义有下列四点：

第一，融和是一种容人的雅量

要融和，就要学习包容别人，包容别人，对方才肯与我们合作，才能变成彼此的力量。倘若处处排拒他人，大家对我们敬而远之，与我们保持距离，最后只会到处孤立无援。所以要能彼此尊重，容许异己的存在。融和异己，彼此间才能汇聚友善的力量；士农工商，彼此融和，才能创造安和乐利的社会。

第二，融和是一种平等的对待

融和，不是我大你小、我多你少、我有你无、我尊你卑。融和，完全是一种平等对待。佛教说人人皆有佛性，人人皆可成佛。连成佛这么伟大的事，都人人平等了，在其他方面，岂有不平等的对待？因此，要保持平等的心念，才能做到真正的融和。

第三，融和是一种尊重的言行

尊重，是人际关系中相当重要的一环。尊重别人的见解、尊重别人的思想、尊重别人的人格，尤其在言行上，更要尊重别人。当他受到尊重时，他也会尊重别人。千万不能存有"顺我者生，逆我者死"的决裂性格，那只会"两败俱伤"，无法双赢。只要是善意的、正当的见解言行，我们都要尊重，才称得上真正的融和。

第四，融和是一种相处的艺术

人与人相处，如果懂得融和的艺术，就不会觉得和人格格不入，自然拥有和谐的生活，也就不会耗费心力，处理恼人的无谓纷争。因此，融和是保持人际关系最高的艺术。

一个融和的家庭，必会温馨幸福；一个融和的社会，必是安和乐利；一个融和的国家，必有富强国力；一个融和的世界，必能和平无争。

自由的定义

在人权意识高涨的今日，"自由"是每一个人追求的目标。人人讲求居住自由、婚姻自由、言论自由、通讯自由、新闻自由、学术自由、办学自由、信仰自由……什么都讲自由。如何才是真正的自由？个人真正的自由，应该立足"不妨害别人的自由""不侵犯别人的自由"，以及"不践踏别人的自由"。

基于此，我们由以下四点来看"自由"的真正意义：

第一，自由者道德之根本

我们要讲自由，先要以道德作为根本，凡是合乎道德的事情都可以做，才是真自由。如不合乎道德，对人有害的事，则应该再三考虑，不能因为一己的自由，而去侵犯别人、损害别人，甚至践踏别人。这是欠缺道德观念，是自私的，不是自由的。

第二，自由者正义之选择

要自由，必须要选择正义、公德、合理。正义、公德即是俗话说的"天理"，合乎大众的，就是在"天理"的范围之内。因为天理之内享有的自由，才是真正的自由。如果逆天悖理，那是伤天害理，不是自由。

第三，自由者法律之保障

自由必须合乎法律的规范，法律保障每个人的自由，保障大众的自由。要社会大众都能享有普遍的自由、免于恐惧的自由、安居乐业的自由，才能称得上是自由的社会，自由的人生。如果违法犯纪，或是钻法律漏洞，以图自己之方便，那是违反道德及法令，不是自由。

第四，自由者规范之界限

自由要在道德的规范之内，要在法律的限制之内，而不是漫无边际的为所欲为。法律限制是公德，良心规范是私德，唯有在不逾越公、私两方面的规范下，享有的自由，才是真正的自由。

在过去专制时代，有志气的人认为，自由比生命还可贵，喊出"不自由毋宁死"的口号，进而争取人民在政治上的自由。自由确实很可贵，但绝不能因一己的自由，而伤害到别人。因此，自由应该立基于道德、正义、法律、规范之下，才是真正的自由。

自由的意义

法国大革命时，政治家罗兰夫人曾悲痛地说："自由，多少罪恶假汝之名以行！"时至今日，自由仍被无度滥用，甚至说"只要我喜欢，有什么不可以？"你喜欢，但危害他人、伤及大众，当然就不可以了，因为这是社会乱象、价值颠倒的原因。那么，究竟自由的意义在哪里？

第一，对他人的生命不伤害

生命是平等无价的！世界上最宝贵者莫如生命，杀人、滥杀动物，甚至污染环境，都是伤身害命的行为。尤其现今有的媒体不断报道自杀的消息，这种"教人杀"的心态，实在是错误的示范。你能不伤害他人的生命，就是尊重别人生命的自由。

第二，对他人的财富不侵占

佛教讲求"积聚有道"，以培福修德、广结善缘来获得正财。但有的人侵占、聚敛、诈骗、窃取，愚痴造业而不自知。如果能以享有代替拥有、智慧代替金钱、满足代替贪欲，尊重他人的财富，才是获得功德法财的大富之人。

第三,对他人的身体不冒犯

社会上常有性骚扰、强奸、诱拐贩卖妇女等情形发生,这都是对人身的侵害。《十住毗婆沙论》云:"离邪淫善行有二种果报:一者,妻妇贞良;二者,不为外人所坏。"如果我们能将所有的男子、女人,当作自己的父母、手足一般给予尊重爱惜,心念自然就能清净而远离邪见。

第四,对他人的信用不破坏

有些人喜欢挖人隐私、揭人疮疤,毁谤别人的名誉,甚至非法集资,仿冒侵权等,这都是破坏他人信用的行为。一个社会如果人人彼此诚挚,不造假危害,自然能互信互赖,和合无争;你能尊重他人的信誉,别人也会信任你。

第五,对他人的拥有不嫉妒

佛陀对末利夫人开示:"不嫉妒他人,即能拥有大威德。"我们对于他人的成就、拥有,要能随喜功德,乐见其成。凡事比较、嫉妒容易引起人事不和,能够懂得欣赏他人的荣耀、成就、美丽,也是一种心量的修行。

第六,对他人的生活不干扰

诸佛菩萨都是借由生活中的八万细行,调摄身心,体会法义。修行不在背诵千偈,日用中,你能念念用心,不干扰别人,这就是修行。一个人如果时时保持正念觉知,自能语默动静,不被散乱所扰,也不会恼乱其他的众生,别人也不会恼害你,这就是一种自由。

自由的意义,要建立在不危害众生、尊重他人生命上。你看,社会上作奸犯科,身陷囹圄,失去自由的人,大都曾经侵犯他人。因此,以上六点是享有自由的条件。

民主的意义

现在的世界，大自国家小至个人，都讲求自由民主。民主的意义是什么？我们都知道民主要取决于多数，然多数的定义又是什么？如果在民主社会里，人民虽享有自由，生活却依然不安全、不快乐，那么，这个自由民主又有何用？所以，真正的民主要顺应民心，要提供一个安全、安定、快乐的生活环境。何谓民主的意义？提供下列四点意见：

第一，所有的行为要奉行法治

民主是讲求法治的，不论什么行为都要合法，事事讲求制度，不可一意孤行。春秋时期，管仲奠定齐国的法治；子产重法，改革郑国国政；商鞅变法使秦国称霸，统一中国，而韩非子更是集法家之大成者。由此可知，国家必须靠人民奉公守法，推动法治，才能强盛、才能进步。

第二，所有的情理要公正无私

民主的执法应合情合理，不能以私害公，才是民主的真义。《韩非子》言："刑过不避大臣，赏善不遗匹夫。"就是强调公正无私的道理。春秋时晋平公问祁黄羊，派谁去做南阳县令？祁黄羊推

荐解狐。平公说:"你不是和解狐有怨吗?"祁黄羊答:"您问的是谁
有才能当县令,与个人恩怨无关啊!"

第三,所有的事务要分工合作

"分工",就是各尽其能,但分工以外,也需要大众协助,相互合
作。如人之身体,眼耳鼻舌,眼看耳听,各司其职,但有时也要相辅
相成,才更能发挥其功能。在民主体制下,大家分层负责,集思广
益,集体创造,才能创造历史性的事业,所以分工合作,正体现团结
之精神也。

第四,所有的派系要容忍异己

社会是由各种阶层的人组成,不同的政党、派系在一起,要容
忍异己,才是民主的精神。美国的民主宪政,就是抛弃己见,圆满
各方需求,才能将各州结合起来,共守法律,和平相处。所以容忍
异己,才是真正的民主修养。

所谓民主,是要懂得尊重别人,善于沟通,并包容异己,今天的
政治家乃至民众,都应明白此等深层涵义,才是真正的民主自由。

民为贵

　　自由民主很宝贵，世界上没有比自由民主更美好的。如果在民主的社会里，人民虽享有自由，生活却依然不安全、不快乐，那么，这个自由民主有何用？所以，真正的民主要顺应民众的心声，为民众提供一个安全、安定、快乐的生活环境，才是最重要的。

　　两千多年前孟子就已经提出"民为贵，社稷次之，君为轻"的主张，在"民主自由"口号高入云霄的现代社会，更应该以民为贵。

第一，有民意才能长治久安

　　当今的社会，任何政策都要有民意做基础。当然，既是民意，就无法取得百分之百的绝对值，但"少数服从多数"是大家都认知的游戏规则，只要能取得大多数的民意基础，就能获得百姓的支持，政治才能长治久安。

第二，有民声才能防微杜渐

　　在民主社会里，大家都能发表意见，容许每个人自由表达所见所思。就如现在的报纸多有"民生"版，在那儿大家可以就国家政策、社会现象等发表看法。有了问题，看到的人多，集合起来就是力量，就可以防微杜渐。

第三，有民望才能推展政事

处在高位的领导者，不但要有民意基础，在民众当中也要有声望。有声望的人才能巩固领导中心，推展政务。现今社会，民众的眼睛是雪亮的，谁真正做事，谁只是作秀，大家都看在眼里，政治人物的声望已无法靠虚张声势得来，必须有政绩才行。

第四，有民情才能了解疾苦

古诗说："锄禾日当午，汗滴禾下土，谁知盘中餐，粒粒皆辛苦。"领导者虽不需如农民般挽起裤管下田，像渔民般摸黑出海，像肩挑货力者挥汗出力，但必须能体恤民情；能够了解民间的生活，了解基层百姓的疾苦，施政才能真正切合广大民众的需求。

先贤流血流汗，前仆后继地牺牲生命，好不容易换来的"民主自由"，真正的考虑点应该是"人民"的民主和自由。人民能安乐生活，国家才能达到真正的安定。因此，在讲求民主自由时，应将"民众"放在第一位。

如何庆祝节庆

每一个人都有生日，父母会为儿女庆生，子女会为父母祝寿，乃至朋友之间，也会为好友生日相互祝福。而每一个国家，也有各种节庆；除了放假、晚会，举行各种庆祝活动之外，还可以用什么方式庆祝呢？以下四点更有意义：

第一，以服务结缘庆祝

古德云："有道者，天不灭。"这个道就是善美。国家、社会多一分善美，人间就多一些温暖与福报。增加善美最好的方式，就是发心服务结缘。例如机关单位推行便民措施来服务人民；企业研发单位开发生产技术，正派经营，扩大服务范畴；教育注重道德人品、培养各种人才；乃至每个人随手功德，维护环境整洁、乐于服务助人，这些都是为自己、为国家社会积善修福。

第二，以财富创业庆祝

早期许多白手起家者，他们辛苦创业，带动经济起飞；到了现代，工业发达，农业技术进步，乃至科技、信息发展迅速，都为社会、国家带来一番卓著的贡献。如今，我们更应该珍惜现有，把握因缘，积极提倡克勤克俭的精神，就不怕经济不景气，以再创财富机运，增加国民平均所得收入。

第三，以文化拓展庆祝

每一个国家、民族，都有它丰富的文化内涵，它是古圣先贤代代相承的智慧，是整个社会、国家、民族的无形资财。"文化"者，就在化心，感化你的心，感动你的心，因此文化的力量，往往胜过千军万马。文化的发扬，可以净化心灵，文化的价值，可以扩大生命，因此，我们要珍惜自己的文化，尊重包容各种文化，并且重视国际间多元文化的交流。

第四，以团结和谐庆祝

社会、国家要富强康乐，人与人之间需要和谐平安。要和谐平安，就要团结有共识。各党派乃至士农工商各界，要能放下歧见、纷争，化解私怨，以慈悲消弭嗔恨，以宽恕化解仇恨，以信心替代怀疑，以共识凝聚和谐，不计前嫌、各自让步，才是真正为人民、国家创造和平、安乐。

庆祝，有很多方式，有人主张要热闹喧腾，这固然令人振奋，但那只是一时的欢喜，不如以上述四种方法更有意义，加上我们的心香一瓣，祝福国家、社会恒久绵长、民主均富、平安祥和，那才是究竟、久长。

光复

光复，意谓失而复得，它也不是光指土地、金钱、权利或荣耀、名誉，当善良的人心、人性，美好的传统、道德，有所失落时，更要努力重建，这也是一种光复。在这个到处讲求快速、进步、竞争、效益的现代化社会，我们要光复什么呢？

第一，人心光复

现代社会信息发达、方便，消息的传递，彼此的通讯更是快速无比，可是人心之间的距离，却是愈来愈远，甚至充塞忧郁、空虚、不安与失落，种种心灵的病症随之而起。因此，我们要光复我们的心，让它远离沮丧、悲伤，转压力为动力，用正向思考代替负面情绪，养成良好的生活习惯、作息，进而建立自我的信心、希望。

第二，人性光复

佛陀告诉我们，众生佛性平等，具足清净本性，孟子也主张人性本善。每一个人都有善良、庄严的本性，然而，在过度追求物欲的满足之后，人性却愈来愈奢华、贪婪、丑陋、投机。幸而现在社会上渐渐有许多人开始自觉，提倡回复人性的俭朴、喜舍、自然、道德，这都是可喜的现象。

第三，人情光复

现代人有句话："天涯若比邻，对面不相识。"由于信息的发达，媒体、电话、网络联系密切，可是对门的邻居却不相识，冷漠成为人情往来最大的障碍。因此，我们鼓励大家一同效法"欧巴桑"（老太太）的性格，不怕腼腆丢丑，不怕别人笑话，重拾人情之间相互帮助的温馨、美好。

第四，人事光复

一个机关团体里，人事管理可说是最高难度的。应该采取"公平、公正、公开"的原则，专业的事，用专业的人，以事求人，虚位以待，才是用人的最好方法。否则牵亲带眷的裙带关系，或是尸位素餐，不做事，只有让人事更复杂、更衰败。

许多行业在经过一段时间后，就会重现复古之风；军队打仗后，要让士兵复元士气；土地耕种后，也要休耕再复耕，农作物才能丰收；克己复礼、朋友复交，都是好事。这四点光复的意义，值得我们去努力。

正名

《庄子·逍遥游》说："庖人虽不治庖，尸、祝不越樽俎而代之矣。"祭祀官不用替厨师煮饭，军中发号施令的不会是二等兵，公司总经理不需要操心清洁工作，校长不需烦恼学校的营缮工作。每个人管好自己分内的事，就是"正名责实"，就是名副其实。如何才是正名？

第一，行不正不可居其位

大抵上负责哪个职位，就应有符合该身份的能力及素养。为人师表者，在学识品德方面，就应做好榜样；司法警政人员，就应公正不阿；政府干部、人民代表，则应该以民意为先，为民谋福利。如果当警察却违法，当教师却放荡，当干部的却贪污，那么不仅名不副实，而且是不道德。

第二，职不称不可食其禄

古人批评占着职位，享受俸禄而不做事的人，叫作"尸位素餐"；被骂为"跟死人一样"，是很严重的指责。在分工日细的现代，"尸位素餐"的情形虽大为减少，却常有不称职的现象，例如靠关系占上缺却无能力，或是虽有能力却不尽力，或是取得的薪水高于付出的辛劳，凡此都可说是不称职。我们要常常反省：我担任的职务，有没有尽责？我领了薪水，有没有尽心？

第三，节不义不可正其名

有些人好大喜功、浮华夸世，欲求扬名立万。但是，如果他的气节不足让人尊敬，仁义不足让人称道，即使有了虚名，也是浪得。比如各级人民代表，顶着"代表民意"的头衔，本就应该以民意为己意，为民喉舌。若是身为人民代表，却径自做鱼肉乡民，索贿受赂的勾当，那就有违"人民代表"之名而斯文扫地了。

第四，事不成不可诿其责

有句俗话说"神仙打鼓有时错"，意思是说即使是神仙，也难免会有失误。一个人再精明，也无法保证所做的事情都成功。其实，偶有失败也无妨，"前事不忘，后事之师"，只要能记取教训，也是一种收获。若是诿过，不但事情失败，连人格也是失败的。

《论语》说："名不正，则言不顺；言不顺，则事不成；事不成，则礼乐不兴；礼乐不兴，则刑罚不中；刑罚不中，则民无所措手足。"希望大家所作所为，都能名正言顺。

卷三 | 认知世间

人生在世，
认识山河、大地、宇宙、环境，
可以扩大生命的空间，
找出人生的定位。

大众传播的特色

现代人的生活，几乎离不开大众传播。多数人从早到晚通过报纸、杂志、收音机、电视、网络等传播媒介，了解天下事，吸收新知、掌握社会脉动、财经信息及政治动态，随时与大众传播保持密切关系。大众传播对社会大众的影响力非凡，甚至会左右人们判断事务的观点，因此，有责任感的大众传播应具备下列六个特色：

第一，有大众化的平等

大众传播媒介站在提供信息的角度，应做到平衡报道，客观地将事实呈现，让大众有更宏观的视野，去了解事情的来龙去脉，并据以作判断。而不应因传媒个人的好恶而偏颇，以致扭曲社会大众的知情权。

第二，有道德化的精神

大众传播是公开面对社会，影响力很大，因此，传播工作者最重要的是要有道德的精神，不以揭发他人隐私、毁谤他人、造谣讥讽为能事，而应以匡正社会风气为己任。

第三，有善美化的目标

有些大众传播以报道杀盗淫妄等负面信息为主，其实，社会虽有黑暗的一面，但也处处洋溢真善美的事迹；大众传播应尽量发掘、报道这些善美的事迹，使人性的光辉温暖社会，并起善性循环的作用，使社会更臻善良美好。

第四，有知识化的内容

许多人以传播媒体，作为知识的来源，因此，大众传播传达的信息应有知识性、正确性。若所传播的内容，充斥揭人隐私，败坏社会风气，贪念欲望，这是不道德的，大众应该对大众媒体有约束的权力，如拒买、拒看等等。

第五，有文艺化的技巧

文艺美学对世道人心的教化，常具潜移默化之功。大众传播应善将诗歌、小说，文艺、美学等技巧融入其中，一则提高内容的可观性，再则亦收教化人心之效。

第六，有利众化的示教

大众传播对民众的示范作用不容轻忽，如果大众传播的内容未能善尽导正视听之责，反而充斥颠倒是非，混淆价值观念的情节，误导或作不良示范，这些负面教材对社会所造成的伤害将难以估算。因此，大众传播应以利益大众为首要考虑。

大众传播的发展方兴未艾，影响层面愈趋广泛、深远。传播媒体有提供各种信息的自由，传播受众也有自主权选择适合的传播内容。

大众传播六戒

　　现代社会，大众传播和我们的关系非常密切。每天早上一睁开眼睛就先翻阅报纸，下了班就收看电视节目，开车时收听电台广播，闲暇时则阅读各类杂志。传播媒体与人的生活密不可分，因此希望从事大众传播业的人，能注意"大众传播六戒"：

　　第一，戒不实的宣传

　　社会上每天发生许多温馨感人的故事，值得媒体传播报道。过度地虚情假意、阿谀谄媚，失却了原本赞扬的好意。因此，大众传播歌颂赞扬时，应恰当合宜，言过其实，反而失真。

　　第二，戒不真的报道

　　大众传播绝不能因道听途说、不了解事实真相而径自报道；不能听到一些没有根据的话，所谓"马路消息"，不加求证就大肆宣传、公诸于世。因此传播媒体应以"知之为知之，不知为不知"的态度，进一步确认后才能报道。

　　第三，戒不清的信息

　　媒体是信息的传递者，也是信息的传输者。血腥、桃色等社会乱象的报道，满足了人们一时的好奇，却无法提升阅听人的智能水平。媒体报道应当对社会的安定能有利益，对人类的知识要能提升。

第四，戒不德的诽谤

现在大众传播界有少部分的不肖业者，常喜揭人隐私、毁谤人家的名誉，甚至借由传播力量对人要挟、敲诈，足以称之为大众传播的败类。大众传播负有促进人类交流、教育大众的功能，因此，尊重别人的隐私、多报道社会的光明面，是传播业者应负起的责任。

第五，戒不新的老调

文章写得好，要有新意；艺术作品能引人注目，要有突破；媒体报道要让大众接受，则要与时俱进。时代进步迅速，信息日新月异，往往前一分钟发生的事情，后一分钟就产生巨大的变化，因此，传播业者要能不断摄取新知，改革创新，才能推动社会文明的进步。

第六，戒不可的泄密

医院不能泄露病人的病情，商人不能泄露商业的机密，当然传播业者也应遵守媒体的职业道德，不能逞一己之私，让新闻成为"独家报道"而泄露机密，违背了媒体本身应有的原则坚持。

媒体的功用

我们每天阅读报章杂志、接触媒体新闻，信息接受最直接，也最迅速，可以说，传播媒体影响我们的生活最大，报道的内容，实在攸关大众的身心健康。而当今媒体最为人诟病的是过多负面的报道，不但没有补强人心，反而戕害人心。媒体如何有效地运用，不滥用功能，以下四点提供：

第一，是善美的

大众传播媒体具有净化人心的责任。有谓"好事不出门，坏事传千里"，世间固然有黑暗的一面，除了报道事件始末、关怀实情外，但也有许多真善美的事迹值得媒体报道，发掘社会善良的一面，让人性的光辉温暖人间，启发善性的循环作用。因此，让大众耳濡目染的都是美好的、清净的、善美的，就能引导社会人心臻至祥和。

第二，是知识的

媒体的功用可说像学校一般，是知识的传递者，我们每天花多少时间与传播媒体接触，从中获得许多新知，它对知识多元化的推动具有很大的贡献，对知识普及化也有深远的影响。所以，传播媒体，既作为信息的传播者，就应尽社会教育的责任，制作节目、报道内容，具备正确方向，以提升大众的智识水平。

第三，是趣味的

媒体要吸引大众收视，就要有一些趣味、幽默，才会有人看。它应该是轻松、活泼、人性、新奇、诙谐、启发，而不是哗众取宠、幸灾乐祸的报道，或者是道人是非，揭发别人的隐私，引起社会大众的好奇心。甚至，有的信息经媒体宣扬，衍生出"二度伤害"，让当事人变成受害者，这些都是不道德的。如果媒体把趣味变成只是冷嘲热讽，或是制造冷笑话，那就失去立场和意义了。

第四，是感动的

社会上每天都会发生许多温馨感人的故事，值得传播报道。但是，媒体对于好事，总是轻描淡写就过了，对坏事却不断重复，让人感到疲累不堪。希望媒体不要隐善扬恶，能多报道世间的温馨面、光明面，让人感动欢喜。例如哪里发生水灾、海啸、地震，许多人出钱出力援助，赞扬社会温暖的一面，少一点负面思考，多一点人性积极面，为社会带来一股清流，才能使人心向上提升。

要传播文化内涵、推动文明进步，乃至从升斗小民的心声传达、社会普罗大众的教育，到重大的政经问题的分析、督促国家社会改进，媒体都扮演着举足轻重的角色。希望媒体不要为了只求商机生存，一味选择耸动、暴力、色情、刺激的信息。

期盼还给传播的受众一个干净的环境。

真相

有语云：“不看一时，要看长远；不看一处，要看宽广；不看一人，要看大众。”世间什么事情，都不完全看表面，也不完全看一时，他不是只看某一方面，而是看到内在真相。如何看到"真相"呢？略举四点参考：

第一，贫病之时知朋友

朋友之交，贵在真心，何等朋友最真心？"酒肉朋友""势利之交"，是你富贵显达时的好朋友，等到关键时刻，便会树倒猢狲散，没有任何交情可言！真正的朋友何时能见？当你微贱时，能够倾身引接，不相舍离；疾病时，愿意倾心照顾，无怨付出；失势时，还是能同甘共苦，患难与共，此等"布衣之交""贫贱之交"，才是良友知己。因此，贫病之时知朋友。

第二，患难之时识真情

人和人相处，如何识得真情？你有财有势，名利双全时，不一定能识得感情的真实面。唯有处于患难之际，最能验证人性真情的虚实。亲朋之间如此，夫妻之间亦然，甚至有言："夫妻犹如同林鸟，大难来时各自飞。"真情的价值，也随之散去了。反之，患难时还能嘘寒送暖，休戚与共，彼此相依，交融扶持，经得起感情的考验，经得起世间无常变化，才能识出彼此的真情。

第三，进退之时懂分寸

带兵作战，冲锋陷阵固然好，战败之时，若不懂得退兵之计，看不清真相，后果更不堪设想。人生也是如此，勇猛向前是好，但有时退一步，更有无限的天地。一个人在进退之间，能进能退，能大能小，能有能无，能前能后，适时地掌握分寸，就是掌握人生的修养。《孟子·尽心章句上》："穷则独善其身，达则兼善天下。"立身处世能进能退，掌握得宜，你便懂得进退里头的真相，就在分寸之间。

第四，得失之时明因果

人的一生轮转于得失之间，若能体悟得失背后的真相，存在因果的关系，就算春风得意、青云直上，心不会高傲自大；即便时运不济、命运乖舛，也不会怨天尤人。能够明因识果，就能无入而不自得；懂得把一切得失，归之因缘果报，就能改善因缘，获得不同的结果。因此，不论是非好坏得失，都含存因果的真相在里头，只在你是否能明了。

人间事物，片面的，总会模糊你辨别的能力；一方、一眼、一时、一处，也不一定最真。因此需要你全面观照，以智慧洞察，才能透露出事物的真相。

感动

人称为"有情众生"，因为有情感的作用，因此容易为了一个人、一句话、一件事而深受感动，甚至读了一本好书、欣赏了一部感性的影片，都会忍不住感动流泪。

感动是情感的流露，感动是人际关系的润滑剂；感动的世界很美丽，感动的人生最富有。一个容易感动的人，其生命较有意义，因为感动就是佛心，感动就是佛性。感动有四点意义：

第一，感动是上跟下的融合

在一个团体里，如果主管经常因属下的勤劳而感动；属下也常感受到主管的爱护而感动，上下必然一团和气。在一个家庭里，父母要常思想着，如何才能让子女感动；为人子女者，也要想办法让父母感动。有了感动，彼此一定能敬上爱下，和乐相处。

第二，感动是人和人的情谊

人与人之间的互动关系，感动是不可少的润滑剂。在日常生活中，如果你能时时因为我的说话、做事而感动，我也常常为你的礼貌、谦虚而感动，则不管是朋友、同事、邻居之间，必定能维持很好的情谊。因此一个人每天要时常感动，对于别人所做，要能欢喜感动，自己所做，也要能令人感动。

第三，感动是心和心的交流

在佛教里有所谓"接心""印心"，不管是人与人，或人与佛之间，有了感动，彼此的心意才能沟通、交流。例如当初释迦牟尼佛发愿度众生，乃至因地修行时割肉喂鹰、舍身饲虎，就是因为"感动"；诸大弟子投身佛教，跟随佛陀到处弘法，也是因为"感动"，甚至观世音菩萨为什么能给我们感应，也是为了"感动"。感动是心和心的交流，有了感动，才能感应。

第四，感动是你我他的修行

在佛教的诸多修行法门中，"感动"是一个很重要的修行。例如见到佛陀的圣像，我很感动；见到别人虔诚地在诵经拜佛，我很感动；见到别人发心布施，我很感动；甚至见到苦难的众生，因为心中有所感，而发起慈悲度众的心，这都是感动。

一个人有没有佛法，就看他能不能感动，在修行当中，能够修出感动的性格，比较容易有成就。所以我们每天应该思忖着如何让自己的言语、行事，都能令人感动；能够因慈悲、发心、谦卑、忍耐、勤劳等行仪而令人感动，就是最好的修行。

分寸之间

世间法没有绝对的对错、好坏，凡事能够把分寸把握得好，就是一种智慧。就如做人，赞美别人是美德，但是不当的赞美成为阿谀，难免遭人轻视；布施是善事，但是如果大肆喧嚷，以别人的苦难来突显自己的善心，也会惹人非议，所以，关于做人做事的"分寸之间"，有四点说明：

第一，赞美能赢得友谊

赞美如花香，芬芳而怡人，能以赞美之言予人者，必得人缘，所以我们与人相处，最重要的就是赞美。基督教唱赞美诗、佛教唱炉香赞，说明佛、神也要人赞美，何况一般人更希望获得别人的赞美、欣赏。尤其当一个人灰心的时候，一句鼓励的话，能令人绝处逢生；当别人失望的时候，一句赞美的话，能使人重见光明。所以我们要想获得友谊，诚心地赞美别人，必定能如愿。

第二，阿谀会遭人轻视

做人要"日行一善"，其实日行一善并不难，赞美别人也是一善。但赞美不同于阿谀，阿谀是一种虚伪的奉承，所谓"好阿谀则是非之心起"，所以做人宁容谏净之友，勿交阿谀之人，甚至被人批评不可怕，受人阿谀才可畏。有的人赞美不当，成了逢迎拍马、阿谀奉承，也会受人轻视，因此，做人阿谀谄媚不说，不当的赞美也要避免。

第三，快乐要懂得分享

做人，有的人能同甘不能共苦，有的人能共患难不能同享富贵。真正的好朋友，要能同甘共苦，自己有了快乐，要懂得分享给对方；当对方获得了功名、财富、荣誉，成就了好事，我们也要真心祝福，同享荣耀，千万不能嫉妒、障碍。懂得分享快乐，人生何等美好。

第四，报酬应藏于无形

古人有"为善不欲人知"的美德，其实为善不一定怕人知道。我们的社会需要有很多善行美事来带动社会的风气，所以真心"乐善好施"的人，不必刻意隐藏。怕的是有的人以伪善来沽名钓誉，例如捐了一点钱给慈善团体，自己马上大肆宣扬，要人感谢、回报，甚至讲话不当，让接受救济的人感觉尊严受损，这就失去了布施的美意。佛教讲布施要"三轮体空"，所以报酬要用之于无形，能够"无相布施"，才是真正的慈善。

世界上，每个人有每个人的做事风格与处人之道。总之，做人要厚道，要给人留有空间，自他才有转圜的余地。

养神

现代人很注重养生之道。真正的养生应该包括养德、养性，甚至养心、养神。"神"者，所谓"精、气、神"；有的人身体不好，精神却很好；有的人劳作虽多，每天还是精神抖擞。但是，有的人每天闲着无事，精神总是萎靡不振，要他做什么事都提不起劲。所以，一个人要想建功立业，固然要有健康的身体，精神饱满更是重要；就像一部汽车，加足了汽油，才有马力上路。如何养神？有四点应该注意：

第一，戒饱食，饱食闷神

过去农业时代，偶有亲友到家中做客，主人总会殷勤地要客人多吃一点、吃饱一点。其实"饱食闷神"，对健康有害无益，所以现代人提倡吃饭只要八分饱，切忌暴饮暴食。因为均衡的饮食，知量知足，可以让肠胃正常蠕动，减轻身体机能的负荷，使器官发挥正常功效，自然能长保身体健康。

第二，戒多言，言多损神

有的人好讲话，一有机会就高谈阔论，卖弄自己的口才，也不管时机因缘适当与否。有时不当说话的时候说得太多，不但会惹人生厌，而且话多伤神。就像酱菜腌制的时间不到，轻易就把坛口打开，酱瓜咸菜就会失去应有的美味。所以，一个人适时、适度的发言有其必要，但是话说得太多，所谓"言多损神"，甚至"言多必失"，能不慎乎！

第三，戒久睡，久睡倦神

适度的休息，是为了走更远的路，但是有的人饱食终日，无所事事，整天吃饱了睡，睡饱了吃，结果睡眠过度，反而精神不振。所谓"神饱不思眠"，愈是精神饱满的人，愈不思睡；愈是过度嗜睡，精神愈是无法提振。此乃精神没有寄托，就像疲乏的弹簧，失去弹性。所以人不宜睡得太久，应该适度地运动，并为自己的人生订立目标，做好生涯规划，让精神力振作起来，这才是正常的人生。

第四，戒厚味，厚味昏神

有的人三餐没有大鱼大肉，他就食不下咽，对于清淡的蔬菜，总觉得淡而无味。因为吃惯了重的口味，饮食不是太咸、太甜，就是太酸、太辣，造成消化器官的负担。甚至一些人喜食韭菜等五辛，多吃容易昏神，所以宜应适量为好，切忌多食。

道教内丹学称精、气、神为人之"三宝"，一个人精神饱满，才有力气，身体才会健康，所以我们要善于"养神"，有以上四点提供参考。

认知世间

　　人生在世，认识山河、大地、宇宙、环境，可以扩大生命的空间，找出人生的定位，而认识社会、文化、历史、传统，可以延长生命的时间，展现生命的价值。所谓"竖穷三际，横遍十方"，对这世间有所认知，才能够纵观全局，一切了然于胸。如何认知世间，有四点意见：

第一，对时空，要认知现实

　　说到时间，有过去、现在、未来、无量阿僧祇劫；说到空间，有东、西、南、北、上下、十方。在无限的时间、无限的空间中，最要紧的是对当下要有认知。把握当下的时间和空间，在对的时间、对的空间，做出对的事情。

第二，对传统，要认知历史

　　唐太宗李世民曾说："以史为镜，可知兴替；以铜为镜，可正衣冠；以人为镜，可明得失。"时代一直在变迁，却是历史的延续，知历史，可以鉴古证今。传统，是老祖先的智慧经验结晶，但也不是顽固地死守着过去。唯有认知历史，顺着时代潮流，融合现代与传统，才能为世人所需。

第三，对文化，要认知普遍

文化有长远性、普遍性，尤其现今世界已成为一个地球村，各地信息不断地交流，人们不能只再单纯地活在这个多元化的社会里。因此对于各种文化、学术、宗教，甚至政治、经济，都要有普遍的认知。不能普遍地认知，就不懂得包容异己，尊重其他文化；不能普遍地认知，就好像井底之蛙，只是拥有部分的天空，不能看到全貌，所知有限。

第四，对信仰，要认知正当

信仰是发乎自然，信仰能产生力量，信仰不一定要有宗教上的限制，要紧的是不能邪信。有了信仰，就要对真理有正当的认知，这就是佛教所说的"正见"。有"正见"为前导，就好比孤舟在海上得到了灯塔的照明，能引导我们走向光明的人生，使我们的心灵有了皈依，生命得到救护，由此度向我们清净圆满的觉性。因此对信仰要有正当的认知。

园丁认知时令冷暖，才有花红柳绿；哲人认知时序起落，才明阴晴圆缺；为政者要认知民心，才能获得肯定，参禅者要认知自心，才能悟道明白。如果我们不认知这个世间，如何顺利地走在人生的道路上？

善恶之气

善和恶是两个极端，成和败是两个阶段，这两个极端、阶段的差别其实不是很大，最大的差别只是在"一念之间"。一念善，可能就是成功，一念恶，可能就是失败，端看我们的举心动念，就系在善与恶。

第一，和为祥气

"文景之治"以和谐清静为策，致使海内富庶，国力强盛，奠下汉朝王威之基；司马昭虽有大将之才，却心怀乖谬，至今仍被讥评为："司马昭之心，路人皆知。"《汉书》有云："和气致祥，乖气致异。"实不差矣！

第二，狂为霸气

狂妄、自大、傲慢，就是霸气。霸气之人，人不欢喜你，甚至也不要你，那必定会失败。项羽力能扛鼎，才气过人，自称"西楚霸王"，最后却落得："生平得尽弓矢力，直到下场逢大敌。人世休夸手段高，霸王也有悲歌日。"仁霸之间，胜负可见。

第三，善为喜气

"善"指安稳美好，能于现在世、未来世中，给予自他利益的清净法。广义地说,凡契合佛法,与善心相应的一切思想行为,都可称之。所谓"家家观世音",人们把观世音菩萨供在家中的正厅,正是因为它给予慈悲,拔苦予乐。举凡人都希望你给他慈善,你给他信心,你给他利益,他当然就欢喜你。你能处处与人为善,当然招感的就是一种喜气!

第四,骄为衰气

骄是一种自高傲物的心态。佛教说,若骄慢生,则长养一切杂染之法,心不谦下,由此则生死轮转,受无穷苦。从历史上看,从来没有一个骄慢的人能获得成功,凡自高自大者,别人难以认同,自我陶醉者,失去先见之明。苻坚骄气,兵马因而大败于淝水;曹操轻敌,孔明得以借箭于赤壁。因此,能自我约束,虚心谦和,那才不会衰败!

《菜根谭》云:"反己者,触事皆成药石;尤人者,动念即是戈矛;一以辟众善之路,一以浚诸恶之源,相去霄壤矣!"你能慈悲善行,散发喜气,就能成功;心怀骄慢狂妄,招感衰气,就要失败。成败就只是这么一点差别,善恶之气就是在这么一念之间。善恶之气,不得不慎。

防心离过

防心，防患心生贪嗔痴；离过，远离行为的过失。人最容易犯过的，就是我们的心。眼睛贪看，是心叫它看；耳朵要听，是心叫它去听；口中说话，是心叫口说话。佛经云："心过失者，谓于身语心中复有所离。"我们在日常生活中，不论在行为、言语、意念中有所乖违疏离，就是心的过失。佛教里，"食存五观"之一"防心离过，贪等为宗"，就是提醒修行人，应时时提起正念，不要眷恋食物的美味，慎防贪心为要。因此，擒贼要擒王，如何作自我规范，自我防备，"防心离过"很重要。提供四点参考：

第一，富贵须防祸临

"树大招风风损树，人为名高名丧身"。在富贵的时候，不可得意忘形，应慎防祸害随时而来。所谓"爬得愈高跌得愈重""高处不胜寒""乐极生悲"，不可不慎也。

第二，得势须防怨来

宋朝法演禅师说："势不可使尽，使尽则祸必至。"有的人得到势力，权力在握，便吆三喝四，心生快意。一旦得势时，更要防备人家嫉妒你，不服气你，甚至容易招致怨恨或他人抨击。乃至有些人，乘势而起，争一时之龙凤，等到势力一用尽，灾祸到来时，正如"飞鸟尽良弓藏，狡兔死走狗烹"，因势得祸，后悔莫及。

第三，盛势须防谤来

"誉之所至，谤亦随之"。誉与谤常常是"如影随形"。一个人有了好名声，不必急于宣扬自己的贡献成就，态度应该更谦让。所谓"直木先伐，甘井先竭"，你像个苦恼人，没有人会忌妒；你有了名声，太过得意，可能小人、坏人，就跟着来毁谤你了。

第四，得意须防悲至

得意的时候，虽然值得高兴，但须知"山木自寇，膏火自煎"，应当防患未然，谨慎言行，因为不知道会从哪里来给你许多的麻烦与障碍。因此，你有忧患意识，你能未雨绸缪，在得意顺心之时，就不怕有不好的事情会发生。

现代年轻人常流行一句话"只要我喜欢，有什么不可以""只要我敢，有什么不可以"。"喜欢""敢"没有什么不对，而是在于背后的动机目的，以及道德观念的意义与价值。你的欢喜、敢，用错地方、误导大众、危害大众，那就不可以了。佛经云："若纵心自在，常生诸过失。"放情纵欲，终会自作自受。老子也说："福兮祸所倚；祸兮福所伏"。祸福相因，祸藏于福，福因祸而生，好事和坏事互相转化，因此，"防心离过"是我们日常生活中，应学习的一种修养，时时注意的自己的起心动念，为人做事则无愧于心。

何为有用

一个人有用没有用，不在于他的权位高低，而在于他能力的强弱、人品的好坏，以及做人是否经得起考验、做事能否与人为善。何为有用，有四点意见：

第一，一句好话，胜于千言万语

明朝刑部主事茹太素有一次上奏折，明太祖看了，认为 500 字即可表达的事情，他写了 16000 多字，而把茹太素责打一顿。相反的，战国时齐国名臣淳于髡、邹忌等，能以简短巧妙的譬喻，令齐威王一改夜饮狂欢、不务朝政之弊，转而振奋向上，使齐国政治整顿，国势强盛。可见空话一堆，多说无益；好话一出，流芳千古。

第二，一个好人，胜于千兵万马

孔子有教无类的讲学，造就无数杰出英才，出仕于春秋各国，其德行也流传千秋万世，影响至今；晏婴"不出樽俎之间，而折冲千里之外"，几次以机智的外交手腕，息灭激烈的战争；汉末局势纷乱，诸葛亮初出茅庐，就奠定三分天下的局面。一个有用的人，总能运用机智，献出良好计谋，在必要的时候，作出关键决定，胜于千军万马于沙场大动干戈。

第三，一件好事，胜于千金万两

千金万两若挥霍无度，不久也会坐吃山空，还不如把它用来做一件好事，让更多人受益。昔日的溪边老母，救济一餐饭，成就了韩信这样一位开国名将。救人一命，胜造七级浮屠；日行一善，积累福德资粮；心存善念，可以避祸免难；多做好事，可以广结善缘，凡此都是无价又无量的功德。

第四，一颗好心，胜于万年苦修

过去有一位苦行者，在山里精进办道，30 年修到不动心的境界，却因为一个小牧童的戏弄，生起一念嗔恚心，而功力顿消。万年苦修固然了不起，但若是习气不改，心中嗔怨难消，或者修到没了慈悲心，跟木石一般，那么修行再久也是枉然，还不如平常人拥有一副好心肠，时时帮助别人，而得福慧增长。

如何成为一个有用的人？勤学不倦是第一要件，学习说话，一句好话三冬暖；学习做人，布施结缘，利益他人；学习做事，悲智双运，福国利民；学习修心，好心一颗，增福增慧。

捐赠器官

现在社会上的慈善家、有德人士都在提倡器官捐赠，我个人也响应，并且早已立下志愿书，作了器官捐赠的准备。

捐赠器官有很深的意义，《大丈夫论》谓："菩萨为求一切种智，及悲悯众生故舍身，同时亦令悭贪之众生起布施心。"都是在说明器官捐赠的伟大情操。

捐赠器官也可以说是佛教的首创，因为在 2500 多年前，佛教教主释迦牟尼佛的过去世为国王时，即以"割肉喂鹰"的胸怀作了器官捐赠的义举，此举并成就他的菩萨道。此外，佛教经典也记载不少舍身例子，例如《金光明经》的萨埵王子舍身饲虎、《大般涅槃经》的雪山童子为闻佛法舍身给罗刹等，这些舍身舍命的人，比死后才捐赠器官的行为更是了不起。

还有古代的高僧大德，在动乱的时代里，为了解救众生的苦难，为了真理的需要、佛法的流传，他们牺牲自己的生命，将生命布施给众生，奉献给常住，都是器官捐赠意义的再延伸。所以捐赠器官，其价值有四点：

第一，遗爱人间

人体的器官，到了人生百年后，可说都是没有用的物质，如果能把这个身体没有用的物质再加以利用，让它帮助有需要的人，就可以延续它的机能价值。例如将眼角膜捐给患有眼疾的人，让他可以重见光明；把肾脏捐给有肾脏病的人，让病人可以恢复健康，延续他的生命。把自己身后的各种器官，留给需要的人，就是遗爱人间，这是伟大的布施。

第二，资源回收

天地承载我们，父母孕育我们，社会大众也贡献给我们许多资源，而我回馈给人间的是什么呢？假如人生到了最后把自己没有用的物质给人家来利用，这就是将天地间的资源再回收，是很有意义的。

第三，慈悲喜舍

捐赠器官意指舍弃身体，佛教视为最上乘之布施。据《大智度论》载："布施财物为外布施，舍身则称为内布施。"所以，若能捐赠皮肤、眼角膜、肾脏、骨髓等器官，就是在行大慈悲、大喜舍、大布施。

第四，延续生命

布施我们没有用的器官，借它延续生命的存在，这不是很有价值吗？

废纸回收

现在世界各国，各种环保运动，正如火如荼地展开，因为万物赖以生存的地球，大家要爱护，尊重长养我们的地方，让地球的生态，有永续发展的空间。其中。举手之劳的"废纸回收"，看似小事，在保护地球资源上，却非常重要。尤其当今纸张用量相当惊人，举凡报纸、书籍、广告等，林林总总的印刷品，无一不是纸张；而这些纸，都是来自深山树木。所以废纸回收不但重要，而且刻不容缓。以下有四点说明：

第一，养成勤俭的习惯

当人连轻薄的纸头，都舍不得丢弃，无形中，对于其他物质，就更能爱惜。积累的废纸，也能变卖，有心的父母，可以将此当成孩子很好的教育，教导孩子勤劳。因此废纸回收，能养成勤俭习惯。

第二，培养惜福的观念

中国人自古以来，就有敬惜字纸的观念，除了看重文字的神圣外，也是珍惜纸张得来不易。一个人的福报，就如同储存在银行的存款，要爱惜，不轻易浪费。

透过惜福，才能保福。随手作废纸回收，就是随处爱护身边资源，正是惜福观念的养成。

第三，建立环保的共识

制造一吨纸张，大约需要消耗 20 棵高度 8 米、树径 16 厘米的原木；每棵树要长到这么大，平均约需 20～40 年的时间。由于过度砍伐山林，山林永远赶不及复原，空气污染、水污染、酸雨、沙尘暴、泥石流跟着来，风调雨顺将变成奢求，大环境生活质量日益低落。回收废纸运动，让我们的环保工作从最根本做起。

第四，共创整洁的环境

纸张的用量既然如此巨大，若不建立良好的回收渠道，它的污染将相当惊人。因此，用心回收废纸，不但是资源的再利用，也可以大量减少垃圾，让大家拥有洁净的环境。

废纸回收不仅是在经济的考虑，更有这四项重大意义。甚至佛光山福山寺和凤山禅净中心，就是在僧信二众共同辛勤下，以废纸回收所得，创建一座庄严清净的殿堂，给予众生一个安心立命的场所；乃至以废纸回收的净款，以及百万人兴学，增加了佛光、南华二所大学的建校基金。其"化腐朽为神奇"的意义功德，更激励我们在举手之间，积极做废纸回收工作。

如何消除暴力

今人最忧念的社会问题就是暴力。不但社会上有暴力，就连应该是避风港的家庭，暴力事件也时有所闻。不禁令人感叹："这个社会怎么了？"如果社会风气可以转暴戾为仁义，转刚烈为忠恕，才是大众之福。如何消除暴力？有四点意见提供大家参考：

第一，以平等观化解冤家

古人说"冤家宜解不宜结"，为什么形成冤家？"不平等"是主要因素：你大他小、你尊他卑、你乐他苦、你强他弱、你富他穷，这些不平等让人不服气；若又有以强欺弱的弊病，更令人气结。怨气积累成戾气，不免相见成冤。所谓众生平等，不管大小贫富苦乐，生命的尊严无有高下，如能以平等观共存共荣，就能解冤释结。

第二，以慈悲观消除怨尤

《大乘本生心地观经》说："伏嗔恚心慈悲观，当念宿因对怨害。"我们没有宿命通，无法知道在无尽的生死轮回中，自己曾经如何苛待别人，陷害他人，对他人不友善。

因此，今生纵有人怨恨、忌妒我，都不应该有报复的心念，应该更慈悲地对待他，以慈悲来消除他的怨恨。

第三，以因缘观净化人我

世界上最复杂繁琐的就是人际关系，有人的地方就有处理不完的纷争。静心思之，主要的症结在于缺乏互相尊重。世界上亿万众生，这辈子与我们有照面机缘的是当中的少数，而见面又能相识者，更是微乎其微，这缘分岂容小觑？理应珍惜缘分，以彼此尊重礼遇来净化人际关系。

第四，以定慧观发展潜力

每个人都有潜力，慈悲是潜力，智慧是潜力，仁心是潜力……这些美好的特质潜而不显多可惜。

透过持戒、修定、智慧来观照内心，发挥潜能，如同善用库藏的财富改善生活，也让这些潜力宝藏改善社会上粗暴无礼的风气。

每一个人都是社会的一分子，社会风气不好，人人都有责任。我们应义无反顾地担负起改善风气的责任，从自己做起，以你的平等、慈悲来感动周围的人，让大家体悟要重视彼此的因缘，能定慧等持，一起以善良来柔化刚强，以祥和之气来取代暴力。

希望工程

　　修一条路，把路修好，使人方便行走，就是一项工程；挖一条水沟，疏通水势避免堵塞，也是一项工程；盖一栋房子，给人安住，建一所学校，兴办教育，都是一种希望工程。无论办什么事业，只要是利益众人，都是一种"希望工程"。除了有形硬件的希望工程建设外，还有软件的希望工程，包括哪些呢？有以下四点：

　　第一，身心的希望工程

　　身体要健康，就要运动、要保养，心理要健康，不要烦恼，也要给它安住、给它自在、给它解脱。身心的希望工程，要从培养忍耐力、精进力、慈悲力做起，正知正见，身心调和，生活会获得安稳，生命会获得安定。

　　第二，家庭的希望工程

　　家庭的分子有父母、兄弟姐妹、子女，有的三代同堂，有的四代同堂，甚至有叔伯、妯娌等生活在一起。经营家庭，也是一种希望工程，就等于用水泥把沙、石、砖头合在一起，团结起来，才有力量，一个家也要用爱、用包容、用尊重来管理，凝聚彼此的心意，才会平安、和谐、温馨、幸福。

第三，文化的希望工程

一个社会是否进步，要看这个社会人文的内涵、大众的语言、生活、习惯、教养、思想等，这些都在文化的范围里。因此，建设文化、提倡人文，就是一种希望工程，借由读书、音乐、美术、书法、艺术的修养，陶冶人文气质，养成彬彬有礼，养成谦谦有德，让自己拥有如诗、如画、如歌的人生。

第四，世界的希望工程

人生活在这世间，无论衣食住行、周围点点滴滴，都无法离开大众，因此我们不能只是独善其身，必须从自己扩大出去，包括我的社会、我的国家、整个世界，都在我的希望工程里。因为社会好、世界好，我们所在的社会、世界自然美好；从自己做起，对人多一份关心，对世界多一份关怀，就会有善美的循环，这世间会多一份希望。

古人的立德、立功、立言，给人学习效法、给人智慧典范，是一种希望工程；乃至建设寺院，成为善友往来的聚会所，人生道路的加油站，去除烦恼的清凉地，净化心灵，孕育法身慧命，这也是一种"希望工程"。以上这四点"希望工程"，都是我们每一个人应该努力把它做好的。

先种后得

世界上的事物，增也不见得是增，换另外的角度看，增也是减；有时，苦也不见得是苦，换个角度想，苦尽甘就来。有时受到要求、苛责，也不见得不好，或许那正是增上缘；有些人态度谦和，状似无物，文章道德却是一等的。在此提出四个看法：

第一，无情岁月增中有减

过年时，常看到有人在家门口贴上"天增岁月人增寿，春满乾坤福满门"的春联。日子一年年地过，年龄一岁岁地长，可是这个"增"是真的增吗？经典说："是日已过，命亦随减，如少水鱼，斯有何乐？"年岁的增加，一方面也表示生命的耗损；岁月无情，年命有尽，如何能不警惕？

第二，阅读诗书先苦后甘

古人"寒窗十年"，就等待"一朝成名"；现在的孩子，从幼儿园到大学，将近二十年埋首书堆，还不一定能有所成就。如果将读书当成应付考试，虚应故事，那么，苦就是白受的。如果能培养读书的乐趣，等到能自如地受用积累的丰富知识后，就会发现之前辛苦的代价是"其乐无穷"。

第三，敦品励学清白如玉

有一个修行人，在俯身嗅闻莲花香气时，受到花神的斥责，修行人说："别人摘取莲花，都不见你呵斥，为什么我只是闻香，你就生气?"花神说："因为他们像黑布，即使沾了墨，也看不见，可是你像一匹白绢，虽仅是半丝污点，也特别明显。"修行的人，别人大都会以较高的标准来审视他。一个人如能持续精进，经过时间的淬炼，人格自然清白如美玉，也能得到别人的欢喜与赞叹。

第四，道德文章清淡似水

中国有句古话说："学问深时意气平。"意思是学问、道德修养愈好，意气愈平和。一个人真有道德，真有学问，必定不会特意标榜自己的道德学问，不会特意显得高高在上。他散发的气质，就像清风明月，像清净平和的流水，到处受人尊敬，周围的人也都欢喜和他亲近。

"要怎么收获，先怎么栽"是大家耳熟能详的名言。有时努力之后，获得的并不是物质报酬，而是精神上更有意义的成长与满足。因此，胸量放大，眼光放远，必定能有收获。

大获得

人人都希望获得。获得金钱、获得事业、获得爱情、获得满足……但这些事相上的获得，终究会有因缘散去的一天，唯有精神上的获得，才能历久不失。如何"大获得"呢？以下四点贡献：

第一，能吃亏可以获得大便宜

佛教教人忍辱负重，看似吃亏、受损、遭辱，其实是获得便宜，是修行的良方。大禹治水，为民谋福，三过家门而不入，最后被公推为皇帝；管仲常占鲍叔牙便宜，鲍叔牙却推荐他做宰相，不仅传为美谈，也利益国家百姓。《佛光菜根谭》说："被人利用不是坏事，能被人利用，表示自己有能力，还有存在的价值。"学习吃亏能养德修福、广结善缘，实为自身获大便宜也！

第二，能受苦可以获得大安乐

所谓"梅花香自苦寒来"，吃苦是安乐的逆增上缘。密勒日巴为消黑业，忍苦精进，成就开悟大法；霍元甲幼时多病，忍苦练功，成就一身侠气；无论做什么，没有十年寒窗努力，哪能有所获得？《劝发菩提心文》说："若以修行为苦，则不知懈怠尤苦；修行则勤劳暂时，安乐永劫；懈怠则偷安一世，受苦多生。"一时的勤劳苦修，换来永劫的安乐，何乐而不为呢！

第三，能平气可以获得大力量

许多人为了争一时之气，大动干戈，与人结恶。憨山大师说："老病死生谁替得，酸甜苦辣自承担，一剂养神平胃散，两重和气泻肝肠。"心平气和，才能不失方寸，调御躁急；心平气和，才能长养智慧，止于至善。它是智慧、是化解、是慈悲、是忍耐，能远离嗔嫉，涵养包容，在违逆的人事、环境当中，获得大力量。

第四，能散财可以获得大积聚

散财、布施、喜舍，就像尼拘陀树种子，一生十，十生百，收成不绝，繁生无尽。佛陀时代，须达长者欢喜济弱扶孤，赢得了"给孤独长者"的雅号；培根说："财富就像肥料，如果不予以布施，便失去了它的好处。"不正为此做出最佳的佐证。因此，现在播种、耕耘、培植，将来自然果实累累，获得大积聚。

你正为吃亏、受苦而闷闷不乐吗？你因气不平、散了财而耿耿于怀吗？无需挂碍，只要肯放下执着，勇于承担，努力不懈，因果绝不负你，最终必会获得大便宜、大安乐、大力量与大积聚。

寻求根本

我们常见到有一些信徒到寺院、神庙、教堂去求长寿、富贵、声名、名誉、平安等等。其实，也不一定向佛祖、神明、上帝求就能得，应该求自己。如何求得福寿声誉，有四点意见：

第一，欲求富贵者，在于立志

要想荣华富贵，其实，上天不能给我们，神明也无法给我们，而是在于自己立志奋发向上。古德云："三十三天天外天，九霄云外有神仙，神仙本是凡人做，只怕凡人心不坚。"所谓心愿有多大，努力有多少，成就就会有多大。就怕我们凡夫立志不坚定，不肯努力培养因缘，那就难登富贵之门了。

第二，欲求福寿者，在于存心

古人说："积善之家庆有余"，佛教也说："不杀生而得长寿"。宋太祖的大将军曹斌，攻打四川时，遇到一位圣者告诉他："将军中年发达，晚年不好，要做善事改变命运。"曹斌拿下四川后，广施恩德，造福百姓，又遇到圣者，他说："大将军面容改变，必可位居宰相，晚景荣显。"后来曹斌果真官居高位。长寿福报在哪里？存乎一心。一念心之慈，一念心之仁，可以得到无边的福寿。

第三，欲求和乐者，在于正行

许多人希望求得家庭人事和谐，求得自己生活安乐，这也不是什么人可以给你和谐、给你安乐，凡事要靠自己正行。你的行为正当，你的语言正当，你的思想见解都正当，当然就会得到和平安乐。

海基会前董事长辜振甫先生，他的至理名言："谦冲致和，开诚立信。"一生举措，无不以诚信、宽厚待人，全家上下一片祥和，就是最佳的典范。

第四，欲求声誉者，在于养廉

我们可以看到，历史上的包拯、海瑞、陶澍等，由于为官清廉，留下好名声，他们的事迹，不断地被后人所称颂，至今仍被称誉为"清官"。为此，只要身行廉洁正直，不收受贿赂，不走后门，光明磊落，不贪不求，自然受人尊重，得到声誉与赞美。

有语云："如是因，如是果。"一个人的命运好不好，有没有福寿声誉，不必祈求他人的给予，而是掌握在自己的心念与造作。要求得福寿声誉的根本，以上这四点很重要。

"好"之四利

  每一个人都有"喜好"，喜好会成为自己的兴趣，也会成为自己一心想要的需求。"喜好"有利有弊，例如有的人喜好养动物，如果是基于慈悲、护生则利，若是专宠一物，伤神无志；有的人喜好品酌，如果是基于养生则利，若是酩酊大醉则有害；有的人喜好各种艺术，如果能分享大众则利，若玩物丧志则有害。所以，"喜好"有利有弊。有利的喜好有四点：

第一，好读书，则智慧生

  人生，无论是好酒、好财、好琴、好笛、好狗、好马、好绸、好缎……凡此众好，各有一失，人唯好学，于己有益。所以，一个喜欢读书、博学多闻的人，必然能从书中撷取前人的经验，必然能与书中的善知识神游，获得智慧。所以说开卷有益，好书能变化气质，能增加智慧，能知道更多的常识；好书的人，只要不读死书，把书读活了，则于人生有大利益。

第二，好道德，则人品高

  有些人的喜好，非常重视自我的形象，他对自己的道德、人品要求很高。所以喜好道德的人，不必社会的舆论来要求他，也不必国家的法律来限制他，他的自我要求、自我规范，会促使自己的品格高尚，为人所尊敬。所以，一个人道德品格的修养非常重要。

第三，好勤劳，则受尊重

勤有功，嬉无益。一个人养成勤劳的习惯，必然会受人尊重。例如早起整理家务，家人必定赞叹；上班勤于工作，则受主管器重；进入社会，勤于为大众服务，则交相赞美，必然实至名归。勤劳，就是黄金埋在土里，也要勤劳去挖凿；水果长在树上，也要去勤劳采摘，才有收成。所以好勤劳不但可以补拙，也能获得意想不到的因缘。

第四，好义行，则有好报

凡人都希望有好的未来，但田里未来的收成，必须要有好的种子；家庭里的清洁卫生，必须要有心去整理；伤残灾难必须要有义行的人去奉献，他必然会获得好报。说人家一句好话，凭这一点义行，就会有意想不到的未来，给人一点方便，就有意想不到的好报。荣华富贵，锦衣玉食不是从天上掉下来的，而是一个人的义行积累，所以好义行者不愁没有好的未来，必然有好的因，才有好的结果。

历久弥新

人世间的许多事物，会随着时间而改变，但有些观念与价值，纵使时代在变迁，依旧历久不废，仍然跟得上时代，不会落伍。"历久弥新"，就是指事物的价值判断或自我实现等，能经得起长时间的考验。这里有四点意见贡献给大家：

第一，穷当益坚

古人说"祸福无门"，我们一生中，难免会有时运不济的时候，遇到困难时要"人穷志不穷"。愈处贫穷低下，愈要表现出自己人格的清高；纵使雪压霜欺，也要有如秋尽冬初的菊花，不为寒霜所屈。一个人如果到了贫穷就不讲究节操、不讲究义气，那才是真正的贫穷。所以金钱上的贫穷不怕，宁可廉洁刻苦，也要穷当益坚。

第二，富当益谦

"富在知足，贵在求退"，名望未必会伴随富贵而来，即使是富贵人家，也要进德修业，谦虚自养，才能受人尊重。所谓"满招损，谦受益"，一个谦逊自制，肯屈尊降贵为人服务的人，才会受人尊敬和喜爱。海基会前董事长辜振甫先生，不以自家财富为傲，一心系于国家人民的前途安危，因此在他过世时，不分党派立场，许多人同来默哀静祷。

第三，少当益勤

我们常说："黄金随着潮水流下来，也要起早去把它捞起来。"一个人如果地位很低，金钱很少，日用艰难，都不要紧，只要肯勤劳，不怕辛苦，必定有致富的一天。天下没有白吃的午餐，美国前总统富兰克林也曾说："勤奋是幸运之母。"有的人找职业，常常要别人介绍，其实如果自己肯毛遂自荐，主动让老板试用半个月、一个月，以勤劳负责任的态度来工作，何愁没有工作做？

第四，老当益壮

年龄大了，并不可怕，重要的是保持一颗年轻的心，唯有老当益壮，才能不受淘汰，也唯有努力不懈，才是永保青春的最佳方法。当努力有成果时，自己也会不知不觉地成长起来。当做事有了信心，生命就更加有意义、有价值，活力与年轻亦会随之而来。

天下没有一成不变的事，人也不会永远顺利成功，在面对多变诡谲的世局时，要懂得顺势调整自己的心态，努力提升自我内在的精神世界。此外，平日养成学习的习惯，懂得自我幽默，就不怕外在种种的限制。

说理的分别

你喜欢有道理的人，还是喜欢不讲理的人？不用说，必定是有理之人较受欢迎。所谓"有理走遍天下，无理寸步难行"，世间的人我关系、人我次序，它都有一个道理；乃至天有天理、地有地理、物有物理，人有心理，哪一样不讲理呢？但是，现代有一些人，理太多了，不相干的事情，他也能说出一大堆的理来，那就"理不对题"了。有时候，理太多也不必要。以下，说明理的轻重、分别：

第一，不愿说理是固执

有些人，明知道事情真相，可是他却抱着"算了、我不讲了"的消极心态，就是不要把它说明，这就是固执。择善而固执是没有错，但是你抱残守缺，不肯接受真理，不肯讲出道理而作茧自缚，这也是不对的，甚至自找苦吃，自己要去承受不愿说的苦果。

第二，不会说理是傻瓜

有的人，他有理，你叫他说，可是他不会说，也说不清楚，来龙去脉不能说明白，让人听了也不知道说什么。这还可以从一次一次练习中，改变自己的表达能力，逐渐进步的。

第三,不敢说理是奴隶

第三种是,他知道是非,知道真相,但他就是不敢说,用"我认了""算我吃亏""算我上当",草草了事。不敢说理,是一种奴才的性格。这是不明白因缘始末,内心怯弱,缺乏勇气、信心和力量不够所致。这必须在不断充实自我中,增长智慧,建立自信;在精进努力中,增长福德,建立尊严,就能渐渐远离不敢说的烦恼。

第四,不肯说理是无知

第四种是,他有理,但他就是不肯说,他认为"好啦,给你们冤枉,给你们怪,给你们去乱说,我就是不辩"。这个叫无知。无知的过失,是不知道错在哪里?严重者,甚至误人误事,你有理为什么不说呢?

理它必须是付予公理、公义、公有,理是公平的、理是平等的、理是大众的。有的时候,这一边有理,那一边也有理,这就要用智慧来相互摆平。有的时候,你在这边看是这样,在那边看是那样,有很多的矛盾,虽然如此,彼此也会有个关系,有一个原则。因此,不讲理的人,是不可理喻,太过讲理的人,过于精明,也不能代表一定是对的。这四点说理的分别,我们不能不去注意,而且要分别清楚地认识,当说则说,当不说则不说,最为重要。

勿

人心常会随着时空、环境、人事起伏，重要的是，不能因为情绪高涨或郁沉而妄作妄为，应当在心情和行动之间取得平衡点，才不致造成不良后果。所以，"勿"有四点建议：

第一，喜悦时，不可轻诺寡信

常听人家说，某人被钱诱惑了、某人被感情冲昏了头、某人被名利搞得晕头转向。欢喜是好事，但是过度欢喜，沉迷其中就不妥了。所以，欢喜也要忍耐。人在极为兴奋的时候，往往缺乏理性思考，容易作出错误的判断；人家要求什么，反正快乐就好，总是不经大脑思考随即答应，等到心情平静时，想想又觉得不能胜任，来个反悔，这就轻诺寡信了。

第二，辞别时，不可嗔恚愤恨

人生好比是一个舞台，有上台的时候，也有下台的时候。有的人带着雀跃的心情上台，带着如释重负的心情下台，一派轻松自在，但是有的人一旦该下台了，却犹如天地变色，失落感油然生起，甚至愤恨、抵抗，造谣生事，弄得人心惶惶。其实，人只要有实力、有人缘，何患没有将来？转换另一个舞台又何尝不可呢？

第三，恼怒时，不可轻易决定

人在气愤时，思虑往往不够成熟，以至于什么话都敢说，什么事都做得出来，所作的往往是最错误的决定，会把事情搞砸了。西谚云："盛怒之下，不作决定。"盛怒时应避免仓皇决定事情，以免后悔莫及，甚至让关心你的人伤心难过。

第四，功成时，不可志骄意满

人一旦成功，切莫志得意满，应该记得当初失败的教训，不断地求进步；更不要忘记，成功也可能因为松懈而步上失败的道路。尤其成功不是偶然的，也不是一个人就能成就的，而是各种因缘促成。所以，成功之后应当更加谦虚，懂得感恩及回馈。

世间事有所为，也有所不为，尤其在喜、怒、哀、乐的情绪展现强烈时，更应及时告诫自己"物极必反"。

劝告的艺术

《论语》说："君子以文会友，以友辅仁。"朋友之间彼此有规过劝告、砥节砺行、进学长识的作用。佛教说"善知识"，是正直而有德行，能教导正道之人。《三字经》也云："养不教，父之过。"儿女有了过失，父母当然要尽教导之责。甚至，我们看到子侄晚辈、同学、同事犯了过错，也会想提出一些规劝，可见劝告在人际之间的重要。问题是，人都喜欢听好听的话，受到他人的肯定，所谓的"忠言逆耳"，如何才能让规劝的忠言达到效果，提供以下四点参考：

第一，辞达则止不贵多言

所谓"责人不必苛尽，留些余地予人，留些肚量予己"。规劝他人时，最好是点到为止，留些余地给对方有思考的空间，不要再三强调，把话说尽，让对方觉得心烦气躁，不耐烦，而失去劝告的意义。

第二，持之有据言之成理

最好的劝告方式，是据理而言。态度可以包容、宽厚，话可以避重就轻地讲，但要让对方了解，你不是无的放矢，不是听信谣言，而是有所根据，言之成理。让他感动你的回护，接受你的善意，才能达到劝告的目的。

第三，发必当理不可妄言

既然有心相劝，必须有充分的、正当的理由来折服对方，万不可为达目的，而虚言妄语。能够态度诚恳，所言于理有据，必定能打动对方，而收劝告之效。

万一对方还不听从规劝，那就暂时不要再劝了，等待因缘，再给予劝勉，以免反目成仇。

第四，切忌讽刺遭人心病

要收劝告之效，最好的方法是站在对方的立场，婉言相劝，让他感受到你的诚意，以及对他的关怀和爱护。

若是以讥讽的态度，讲刻薄的话，可能引起更大的不满。因此，"语言切勿刺人骨髓，戏谑切勿中人心病"，劝谏切忌讽刺、刻薄。

以上四点"劝告的艺术"，给大家参考。

明白的重要

世界上最可怕的愚痴是不明白。明白就是理路清晰，明白就是脑筋清楚，明白就是通晓事理，明白就是清净解脱。俗话说"秀才遇到兵，有理讲不清"，即是指碰到不明事理的人。人要明白事理，才有进步的空间，才有开悟的契机。明白很重要：

第一，明白学问可以广博

做学问的人，一旦拘泥于自己的思想，固守自己的见解，就会陷入故步自封的泥淖，而前进不得。做学问，除了脑筋清楚，思路灵活，也不能自满、自以为是。要明白学海无涯，学问无穷无尽；为学要如金字塔，要能广大要能高。明白这些道理，不以已知为满足，学问自然可以广博。

第二，明白人情可以通达

很多人慨叹"做人难，难做人"。是的，世间上最麻烦的就是人。不过，如果能以诚信待人，厚道处事，也能有很好的人际关系。所谓"人情练达即文章"，能明白"处难处之人宜愈厚"的道理，再识得人情义理及相处艺术，即可通达人情。

第三，明白离欲可以轻安

财、色、名、食、睡这五欲，是让人不自由的因素。为了贪金银财宝，求世间声名，恋悦情适意，不知用尽多少心机；为了耽着美食众味，乐着睡眠，不知耗费多少时间精力。未得时，处心积虑想得到；得到时，又担心失去而惶恐不安。如《大智度论》说："诸欲求时苦，得之多怖畏，失时怀热恼，一切无乐时。"一辈子就在患得患失中度过。如果我们能明白五欲的过患，看淡五欲，就能得到轻安。

第四，明白心地可以解脱

佛初成道时，叹道："奇哉！我今普见一切众生，具有如来智慧德相，但以妄想执着而不证得。"每一个人都具有与佛心无二无别的自性清净心，只是凡夫的清净心给名枷利锁束缚了，在烦恼是非中团团转，一刻也不得自在、清净。如果能明白我们本具清净心，愿意放下世间的五欲六尘，挣脱名缰利锁，就能解脱了。

做个明白的人很重要，能够明白学问、明白人情，必能成就世间事业；能够明白离欲、明白心地，必能成就出世间解脱之道。希望大家都是明白人。

为人师表

韩愈云："师者，所以传道、授业、解惑也。"而一个人获得师长良好的教育，就能发挥一己之长，对国家社会大众有用。不同的阶段，学生经过老师的教导，才能具备常识、拥有技能、培养道德、启发思想，老师对学生的影响，可说是广大又深远。那么，如何做一个老师呢？

第一，传道

父母养我色身，师长育我法身。身为老师，其教导的内容要合乎道德、合乎伦理、合乎人间正义、合乎做人道理。好比传统美德：忠孝仁爱信义和平、礼义廉耻等。但是，现在有一些老师，有时师不像师，士不像士，教导不正的思想、不正的知识，甚至自己的行为也不合乎道德，让老师清高、尊严的形象，受到损害，那实在不可名为老师了。

第二，授业

古代的老师，除了传授学业外，也要教授"礼乐射御书数"六艺，培养学生才能。现代老师也是如此，除了各种教学外，也要给予学生一些技术课程。尤其身为现代人，一生至少要有三张执照，

例如驾驶、烹饪、水电、美容、会计、打字、医疗、护理……等，以备在
人生道路上，无论是职场、人际关系、学习力上，发挥更大的能量，
具有良好的表现。

第三，解惑

在学习过程中，学生必定有许多疑惑，除了专业知识上给予指
导外，在内心上，必定有更多的不解。比方做人不会做，做事不通
达，讲话不流畅，情绪管理不佳、人际关系不和谐，遇到挫折困难，
如何面对、判断、克服、解决，林林总总，会有许多的不明白。做老
师的，要给予学生引导，为其释疑。

第四，示范

所谓"身教重于言教"，我要学生能有道德、有事业、知进退、不
迷惑，让他做人处世，都具备一个人基本的条件。那么，我做一个
老师，更不能随意妄行，更要重视身教。我传授学生道业，自己也
要奉行；我传授学生知识，自己也要日日进步；我为学生解惑，自己
也要正知正见，培养智慧。如此，我才能做老师。因此身为老师，
是很不容易的，只有以身作则，树立形象模范，潜移默化中，才能让
学生自然效尤。

教育可使平庸者优秀，使资优者卓越。所谓"知识就是力量"，
若心术不正，纵然学富五车，也是枉然。

归纳以上四点，为人师表要：顺法调御，以爱教导；诲其未闻，
增广见识；随其所闻，令解善义；示其善友，乐于交游；尽己所知，教
授不舍。

耕种田地

世间的田地有两种，一种是种植五谷杂粮的土地；一种是佛教所说的恩田、敬田和悲田，用来广植福德。有形的田地，是农民据以为生的根本，靠辛勤、力气和汗水来耕种、收获。无形田地，则是人人均可以用孝顺、恭敬、慈悲、布施喜舍来耕种，获得的福德不可思议。在此提出耕种福田的四种方法：

第一，父母田中常思反哺

父母的恩德像天地般广大，佛经说："若人百年之中，右肩担父，左肩担母，于上大小便利，极世珍奇衣食供养，犹不能报须臾之恩。"要孝顺父母才能像个儿女。你看，乌鸦尚且反哺，羔羊尚且跪乳，对于生养我们的父母，更应当尽反哺之心。就是学道修行，也要报答父母的恩情，尤其佛陀也是为我们立了"为父抬棺"的榜样。因此，在父母田中，为人子女者，要常思反哺。

第二，师长田中常行恭敬

我们从蒙昧无知到识字明理，无不得之老师的尽心教导，因此，老师也是我们的福田。在老师的田里要播种什么？古德说："欲得佛法利益，须向恭敬中求。"不仅求佛法当抱持敬心，对于老师，也要恭敬十分，感念老师的辛苦教导，你对老师有恭敬心，学到的东西必定很多，在恭敬中也才能积累福德。

第三，病患田中常作救护

在病患身心受苦之际，我们看护他，使他肉体的病痛减轻；慰问他、鼓励他，让他心宽意解，远离怖畏，得到心灵的平安，这种无畏施，实是无上功德。《梵网经》说："八福田中，看病福田，是第一福田。"所以要尽心看护有病的人，病者是我们的大福田。

第四，三宝田中常植布施

佛法僧三宝为人间做明灯，引导众生脱离忧悲愁苦的生死轮回，对众生有莫大的恩德，是最大的福田。俗语说："三宝门中福好修，一文施舍万文收"，供养三宝，功不唐捐。因为三宝具有无上功德，能成就众生，使生一切功德；《无量义经》说："布善种子，遍功德田，普令一切发菩提萌。"《三藏法数》也云，"若能恭敬供养佛、法、僧三宝，非但成就无量功德，亦能获其福报，故称功德福田。"因此，三宝田中应常植布施。

勤于耕种农田，收获的是有限的财物；勤于耕种无形的福田，获得的是不可限量的福德，希望大家都能勤于耕种。

辅导要点

孙中山说："教养有道，则天无妄生之才。"一个好的教育者，能开发学子的心智，启发蒙蔽者的潜能。因此身为一个教育者，其思想与做法，应是民主、平等与大众化。对于施教的对象，也要不分贫富贵贱、不择智愚利钝，一律平等给予教化。

教育辅导的方法有许多种，提供下列四点技巧：

第一，规矩要严，执行要宽

不以规矩，不能成方圆，凡事要有规矩和准绳，但是如果事事以硬性规定，反而失去人性里自动自发的可贵性，所谓"规矩行尽，礼貌必衰"。因此在落实层面上，要严之有理、严之有爱、严之有度，严要严得适度，宽要宽得恰当，要宽严相济，规矩才具有依循的可行性。

第二，观机逗教，应病予药

辅导的方法，不是每个人都一样的，有的人用鼓励，有的人用教训，甚至要用责打的方式，他才会畏惧而肯上进，当然也有人不用啰唆，就会自动自发去做。佛陀广设八万四千个法门，为的就是应不同众生的根基，而施设的"权巧方便"的教育法。

第三，譬喻说法，举例说明

最好的教育方式，莫过于以一个简单的譬喻，或者举个例子，讲个有趣的小故事，来让对方心神领会。佛陀说法 49 年，每每以寓言故事引导众生心开意解，如由包裹檀香的纸张及绑鱼的绳子，告诉弟子"近朱者赤，近墨者黑"的道理；"盲龟浮木"，说明人身难得；"向风掷土"，说明恶意伤人者，果报还自受等等。

第四，慈的摄受，力的折服

老师在辅导学生，或父母辅导儿女时，有时一味地慈爱，对方可能不怕你，只是力的折服，或许他也会抗议，不愿合作，因此最好采取严慈并用的方法。《禅林宝训》里写道："妁之姁之，春夏所以生育也；霜之雪之，秋冬所以成熟也。"春风夏雨，可以使万物生育，秋霜冬雪，也可以助长万物的成熟，我们在辅导有情生命时，怎能不刚柔、严慈交相运用呢？

所谓"天下无不可教之人"，像爱因斯坦、牛顿、贝多芬等，都是因为父母师长不放弃，而有所成就。教育是看学子的根基而教，就如照顾不同季节、不同品种的花草树木，如果都是用同一种方法来培育，必定失败多于成功。

说狗

狗一直是为人们欢喜的动物。以下也来说一说狗的性格：

第一，忠诚

狗，是人类忠诚的朋友。在农村，经常可以看到狗为人们看门、守夜、协助牧羊等，一刻都不肯离开。有一只叫"雪来"的狗，每天到主人下班时，就会准时到车站接主人回家，大家啧啧称奇，把这只狗叫作"标准钟"。佛光山开山时，有过一只叫"来发"的狗，巡视工程时，它在前开路；上课时，它静坐一旁，全神贯注聆讲，偶尔对它不理不睬，却依然寸步不离。它们的忠心、忠诚，实在令人感动。

第二，英勇

法国巴黎有一座狗的纪念碑，纪念一条名叫"芭丽"的狼狗。那是因为有一年冬天，巴黎北部山峰受到暴风雪袭击，山麓南部发生雪崩，41 名旅客被雪掩埋。"芭丽"前往扒雪营救，共救出 40 人，救到最后一人时，竟然被人误认为是狼而被打死。像这样英勇救人的狗，不知凡几，我们经常在报章杂志上都可以看到。

第三,体贴

狗的性格体贴友好、善解人意,体恤主人,细心照护。像电影《可鲁》里的导盲犬、电视剧《灵犬莱西》、卡通《101 只斑点狗》里,我们都可以看到狗的体贴、忠烈、勇敢与聪明,真是让身为人类的我们自叹弗如。

第四,灵敏

狗的嗅觉灵敏,能嗅出 100 多万种物质的气味,所以狗又有"靠鼻子生活的动物"之称。像军犬能够追查敌人走过的足迹,甚至几小时以后,都还可以嗅得出来;警犬能依案发现场的味道,找出到过案发现场的人,乃至充当海关和机场的"检查员",查出旅客是否夹带毒品、违禁品等。在爱沙尼亚,曾有只狗担任全长 5 700 多米街道的煤气查漏"检查员",还被列入职工名册,按月领取薪金。狗的灵敏,真是不可轻视。

从上看来,狗真是人类最好的朋友,而我们人如何来对待这位忠心的好友呢?除了当作宠物狗之外,众生生命平等无差,从上述狗的性格里,实在可以看到。以上四点,真是值得学习啊!

新年新展望

枝头冒出新芽，令人欢喜；春天下了新雨，令人雀跃；新生代让人看到未来，新措施叫人充满期待。许多人对新的一年来临，会自我期许、自我勉励，希望有一些新的计划、新的突破。新年有什么新展望呢？以下四点提供参考：

第一，要有新观念

台湾著名出版人高希均曾提倡"观念播种"，我们也要自问，在新的一年开始，是否播种了新观念。比方凡事是否多一分体恤，为别人着想？自己的陋习是否察觉，愿意改进？是否能与人融洽相处，尊重包容？是否心甘情愿为人服务，不求回报？建立了新观念，脚踏实地，默默耕耘，最大的收获者，不会是别人，而是自己。

第二，要有新开始

"一元复始，万象更新"，新的开始，不是要求别人，而是从要求自己做起。比如新开始，我要赞美别人、成就别人；新开始，我要面带微笑、用心待人；新开始，我愿意重新来过自我改变；新开始，我要从生活中一点一滴拓展自己。只要愿意有个新开始，一切都不会太迟。

第三，要有新作风

各人有各人的作风，各人有各人的形象，新春开始，我们自己要展现什么样的新作风呢？有人以为在行事上才要有新作风，其实，做人修养上的新作风更重要。比方我要树立和平的形象，不暴躁；我要展现亲切的面貌，能诚信；我要主动和人讲话，不冷漠；我要主动勤劳做事，不懒惰。你有了正向的新作风，还怕不受人肯定吗？

第四，要有新发心

新的一年，要开发自己的心田，开垦自己的心地，发掘自己内心的财富。过去未发之心，现在要发起，已发之心，更要不断更新增上。开发心中慈悲、感恩、道德、信心、惭愧，生命就会有源源不断的能源与力量。

一件事的成功与否，在新的开始就要计划。时值新的一年开始，期勉每个人立下目标，充实自己，期许自己重新出发。就让我们从以上这四点重新开始吧！

刹那与永恒

刹那，在佛教里，是表示时间最小的单位。经典说："少壮一弹指，有六十刹那"，就可以知道那是极短的时间。永恒，则是指恒久、无限的时间。"刹那"与"永恒"，看似相对待，其实，刹那里面有永恒，永恒是无可计数的刹那堆积而成。时间不是实体，无可衡量。好比有人慨叹人生苦短，如石火电光，稍纵即逝；也有人觉得人生难过，度日如年。时间的长与短，刹那与永恒，该如何看待呢？

第一，刹那的善心，是永恒的福报

刹那指的是瞬间、念顷，亦即一个心念起动之间。一念善心生起，可以有永恒的福报，问题是，在生的那个一刹那，是不是真的善心？有语云："一念嗔心起，百万障门开"，唐朝怀信禅师在《释门自镜录》也说："但起一念善心，恶律仪即断。"心中的一念，是善是恶，都决定了自己烦恼或菩提，是在地狱、或在天堂。刹那的善心，是不贪求、不望报，是无私的慈悲、爱心、善良，可以成就永恒的福报。

第二，刹那的净心，是永恒的功德

六祖惠能大师说："菩提本无树，明镜亦非台，本来无一物，何处惹尘埃？"经典亦云："一念清净心，能除八万四千烦恼。"一念无住,没有杂心妄想,不动色声香味触法,这一刹那的清净,无染、无我、无执、无私,没有客尘烦恼,那就是永恒的自性功德。

第三,刹那的觉心,是永恒的开悟

佛教的禅师,参话头、提疑情,参究许久,迷惑久悬,刹那间,宇宙乾坤,朗然于心,就是永恒的开悟。像过去会通禅师当侍者 16 年,看到鸟窠禅师吹了布毛,豁然开朗;智闲禅师禁足潜修,听到瓦砾击中竹子的声响,豁然省悟。在一刹那间,忽然"我懂了""我觉悟了""我明白了",那一个电光石火,你心开意解,就是开悟了。

第四,刹那的定心,是永恒的涅槃

刹那的定心,没有时间了,没有早晚,没有古今,把时空都聚集到禅定里,没有污染、没有是非,本体和现象,都融合在一起,那就是永恒的涅槃,生死一如。

微生物朝生暮死,寒蝉春生夏亡;彭祖八百多岁卒,天人寿岁至千岁、至万岁,无论生命长短,都是一生。坐客天地之间,生命本来就是死生轮转的,若不能觉悟此中道理,就算是人生亿万岁,也是虚掷生命。说到刹那与永恒,有以上这四点参考。

本土化

本土化不是狭隘的地域观念，更不是族群的对立，而是放眼国际，展望未来。现代社会由于交通发达，地区与地区之间往来密切，旅游、参访，甚至移民风气普遍频繁。到了一个新地方，想要融入当地生活环境，学习当地的语言、接受当地风俗习惯，就成为必要的条件。关于"本土化"有四点意见：

第一，语言本土化

世界各国，乃至不同的地区，都有属于自己的语言，为了尽速融入该区的生活环境，语言是重要的沟通工具。比方到了美国，就使用英语；到了巴西，就讲葡语等。又好比最早将佛教传入中国的印度僧人迦叶摩腾、竺法兰，进入中原，不但讲中国话，也翻译经典，才有《四十二章经》的流传。因此，语言要本土化，才能获得当地的认同。

第二，风俗本土化

每一个地方的风俗民情不一样，到了一个新环境，可以带入自己国家的习俗，但更重要的是先接受当地的风土民情。倘若一味要求别人接受自己的文化风俗，只会显得自己与环境格格不入。

因此，在不同的地方，有不同的节庆活动或纪念日，应当随喜参与，融入大众中。西谚说："身在罗马，行罗马人之行。"入境随俗，尊重包容，才能同体共生。

第三，习惯本土化

每个国家的礼节、习惯不一样，举凡生活、饮食、工作、招呼方式上，都有所差异。好比北方人性喜面食，南方人则习惯米饭；西方国家以拥抱、亲吻为招呼方式，东方国家则握手寒暄表达热忱；西方人使用刀叉，东方人则用筷子；典型西方男士穿着西装领带，古时中国男子则为长袍马褂。因此，习惯要依循当地本土化，才能与人相融和。

第四，教育本土化

来到一个新的地方，不能不了解它的历史文化；要能深入了解不同环境的文化背景，则必须尊重当地的教育。好比佛教从印度传入中国，融汇儒家的"仁爱"和道家的"清净无为"思想，而发展出特有的中国佛教来。

每一个人能认知"本土化"的真义，将眼光放远，才能扩大自我的成长，促进族群的和谐，进而展现一个多元文化社会的丰富内涵。

处众

俗话说："独梁难撑大屋""独木不成林"，凡是单独的、单一的，力量单薄，很难有所发挥，必须集合起来、团结一起，力量才会大。而要发挥力量，必须先学习如何在大众中与人团结、与人和谐，处众之道就很重要了。有以下四点意见：

第一，看人要有平等心

古代社会中男尊女卑，现代社会里提倡两性平等；过去尊崇老板为大，现在讲究顾客至上。时代在改变，居上位者，不再是权势骄贵，居下位者，也能拥有尊严。佛陀在 2500 年前，即提出佛性平等，倡导生佛平等，身为僧团的导师，从不以先觉自居，甚至以身作则，为有病比丘洗涤衣履，给失明弟子穿针缝衣，处处树立和乐、平实、平等的风范，给我们学习、效法。

第二，待人要有慈悲心

一般人心里只有自己，想到的都是自我的利益，对我有利就接受，对我不利就排除。这种完全以自我为中心的人，很难与大众融和相处。想要让别人认同，心中要常怀慈悲，替人着想，视别人是自己生命的一部分，别人也会把你当作自己人。

第三，教人要有尊重心

人人希望活得有尊严，希望获得别人的重视，自己却往往忘记要尊重别人。好比有人在教人时，他的立意虽好，态度却趾高气昂，如何让人接受呢？有则趣谈，眼睛、耳朵、鼻子、嘴巴各有其用，都不服气无用的眉毛长在最上面，眉毛为了平息纷争，愿意往下移，移来移去，怎么看都不顺眼，只有再让它回到最上面，才像个人。每个人都有其尊严，发挥的作用，能尊重他、爱护他，教人也才有功德。

第四，利人要有喜舍心

做人最可贵的是能利人，譬如参加社会公益活动，服务人群，甚至响应环保，参与赈灾，担任义工等等。利益别人时，要有喜舍的精神，不求回报、不求感谢，心才不会执着、患得患失，才能真正发挥生命的价值，为人间带来温暖，为社会带来光明。

菩萨实践布施、爱语、利行、同事四摄法，所以能摄受众生，而我们要处众和谐，以上这四点，是立身行己的好方法。

如何融和

"融和"是一种包容的雅量，一种平等的对待，一种尊重的态度。当今国际间，漫布着对立与分化的氛围，最需要的是融和的器度。所谓"百川汇归大海，共一咸味""各族入佛，同为佛子"，佛教讲心包太虚、量周沙界，无不关怀一切众生。我们如何发扬融和的精神，增进和平？有以下六点：

第一，传统现代的融和

现代社会中，有人倡导科技文明，有人尊崇原始自然，有人欢喜新诗文学，有人爱好文言古籍。传统，是古圣先贤的智慧经验结晶，随着时代慢慢发展，有时不能不顺应时代的潮流。因此，传统不是完全对或不对，现代也不全然是好或不好，最好能将前人智慧经验的传统，配合现代潮流的发展，彼此融和，才能永远为世人所需要。

第二，东西文化的融和

有的人醉心东方文化，有的人追求西方文化，其实，我们说，以东方的文化为体，西方的文化为用，东西方的文化可以相互融和。尤其国际间各种族、民情风俗各有所长，文化的融和，可以让社会朝向更多元化的发展，丰富人文内涵，促进人类的和谐。

第三，自他群我的融和

团结，并不是我大，你要来跟我团结。团结，是平等的；融和，是自他关系一致的。佛陀主张"众生平等"，即是"自他融和"，不仅佛教要融和，不同宗教、族群、国家、社会，都要摒除爱恨的分歧、怨亲的疏离，发挥"同体共生"的精神，彼此才能和谐往来。

第四，事相义理的融和

"理事圆融泯自他，白云飞去了无遮"，意谓世间万物，都具有理和事两个层面。有的人只重视"事"，显得太过现实，有的人光说"理"，又让人觉得太过抽象，无法心领神会。因此，事与理要融和，能以事显理，以理彰事，理事无碍，甚至事事无碍，也就能圆融自在了。

第五，僧信四众的融和

现在佛教，有以出家众为主的僧团，有以在家众为主的教团，僧信之间，如车之两轮、鸟之双翼，彼此要水乳交融，沟通协调，互助尊重，你我团结，把力量凝聚了，才能一同弘扬佛法，共同为众生福祉而努力。

第六，显密八宗的融和

佛教教主只有一个，就是释迦牟尼佛，佛教的三法印、四圣谛、八正道、缘起等教义是一致的，因此，不必争执你错我对，不要分别宗派大小，应该主张禅净融和、显密融和、南北传融和，共同恪遵佛陀的慈心悲愿，给予众生得度的因缘。

世间是多姿多彩的，要能欣赏、融和，才能万花齐放、百鸟争鸣，众生也才能在佛法的教化中，蒙受利益，安顿身心。"如何融和"？有以上六点。